企业管理
与人力资源战略研究

刘敬涛　叶明国 ◎ 著

中国原子能出版社
China Atomic Energy Press

图书在版编目（CIP）数据

企业管理与人力资源战略研究 / 刘敬涛, 叶明国著
. -- 北京 : 中国原子能出版社 , 2022.12

ISBN 978-7-5221-2429-2

Ⅰ . ①企… Ⅱ . ①刘… ②叶… Ⅲ . ①企业管理—人
力资源管理—研究 Ⅳ . ① F272.92

中国版本图书馆 CIP 数据核字 (2022) 第 228654 号

企业管理与人力资源战略研究

出版发行　中国原子能出版社（北京市海淀区阜成路 43 号 100048）

责任编辑　潘玉玲

责任印制　赵　明

印　　刷　北京天恒嘉业印刷有限公司

经　　销　全国新华书店

开　　本　787mm×1092mm　1/16

印　　张　9.75

字　　数　201 千字

版　　次　2022 年 12 月第 1 版　　2022 年 12 月第 1 次印刷

书　　号　ISBN 978-7-5221-2429-2　　　　**定　　价**　76.00 元

前　言

　　建立现代企业制度，加强人力资源战略管理，实现企业管理现代化，增强企业市场竞争能力，已成为我国大中型企业面临的十分迫切且重要的任务。管理是生产力中的软件，只有通过科学管理才能将劳动者、劳动资料和劳动对象这三个要素合理地结合起来，加速生产力的发展，促进国民经济的增长和社会进步。

　　企业的战略是不断变化的，这就要求与企业战略匹配的战略性人力资源管理具有一定的灵活性。战略性人力资源管理的灵活性是指企业人力资源管理帮助企业有效地、及时地适应由外部和内部环境所提出的需要的能力。西方学者提出了需要重视的三个方面的灵活性：开发一个能够很快适应变化的人力资源管理系统；开发一个具有高适应性的人力资本池；在雇员中促进行为的灵活性。桑切斯认为存在两种基本的灵活性：一是资源灵活性；二是协调灵活性。当然，不同的学者在研究战略人力资源管理时所强调的灵活性是不同的。如斯诺和斯奈尔强调通过招聘具有创造价值潜力的雇员来建立这种灵活性，而麦克杜菲则强调人力资源的灵活性应该从培训雇员具有广泛的才能入手。但是有一点是共同的，他们都强调灵活性和雇员的技能以及雇员行为的联系。

　　对于企业来说，人力资源是其重要的无形资产，是其发展的关键基础。如何做好人力资源的开发工作，对于人力资源的效能进行最大化的发挥，这已经成为企业发展战略当中的一部分工作内容。本书分为两大部分内容：第一部分为企业管理，主要阐述了企业管理的概念、企业管理的基本职能、企业市场营销管理、质量管理；第二部分为人力资源管理，主要阐述了人力资源战略与组织设计、激励战略管理、绩效战略管理等。虽然这其中的许多问题已经被许多专家、学者论述过了，并且有了不少的著作，但是作者根据自身的实践经验和研究，对很多问题都有自己独到的见解和创新。

目　录

第一章 企业管理概述

第一节 企业管理的概念及特点

一、企业的概念

企业是为满足社会需要并获取盈利，实行自主经营、自负盈亏、独立核算、具有法人资格、从事商品生产和经营的基本经济单位。企业有以下 5 个特点。

（一）企业是一个经济性组织

"经济"可以理解为"经世济民"，意思是要在有限的资源条件下，使用尽可能少的投入来创造尽可能多的社会财富以满足社会日益增长的物质和文化生活需要。企业作为一个经济性组织，一是表明它是一个投入产出系统，即从事经济性活动，具体表现为生产性和营销性等方面的活动，把资源按照用户的需要转变成为可被接受的产品和服务；二是它追求经济性的目标，即在经营企业的过程中实现"产能""投入"之比的最大化。

具体而言，企业不同于行政事业单位或福利性机构，它必须获取利润。营利是企业创造附加价值的组成部分，也是社会对企业所生产的产品和服务能否满足社会需要的认可和报酬。在完善的市场经济体系下，企业获得的利润报酬与其为社会做出的贡献成正比；而不获利或亏损的企业则可认为是在占用、浪费、损害社会资源，将很难继续存在。企业的经济性或获利性还意味着政府税收的增加与国民的福利、公益事业的发展，以及企业自身的扩大再生产、职工生活水平的不断提高。对于当今绝大多数的企业来说，经济性不仅是一种要求，还是企业行动的最终目的，即要实现利润的最大化。

（二）企业是一个社会性单位

企业不仅是经济组织，也是社会组织，而且在现代社会中，企业的社会性功能已不再单纯地从属于其经济性功能，不能简单地反映为"取之于社会，用之于社会"的道义方面的要求，现代企业已是一个向社会全面开放的系统，它所承担的社会责任和政治责任有时甚至会对其经济性行为产生决定性影响。所以，企业概念中的"为满足社会需要"不仅指满足用户、市场的需要，还包括满足企业股东和一切经营及其结果的"相关者"的需要，这些相关者都在不同方面、不同程度与企业发生着联系，影响、帮助或制约着企业的行为，形成了企业经营的社会环境。应当注意到，企业社会性的责任和功能有时与其经济性的责任、目的之间会形成矛盾，结果往往是迫使企业在经济性方面妥协。企业的社会性要求其管理者不仅要有经济头脑，还必须能解决社会、政治问题。

（三）企业是一个独立法人

这是指企业具有自己的独立财产与组织机构，能以自己的名义进行民事活动并承担责任，享有民事权利和义务。企业的法人特点要求其需要依据法定程序建立组织，如必须在政府部门登记注册，应有专门的名称、固定的工作地点与组织章程，具有独立的财产，实行独立核算，能够充分独立对外自主经营等。同时作为法人，企业也只对"有限"的自身负法律责任，如企业的行为并不涉及员工，企业资产的清算仅对法人的注册资金与负债有效，并不涉及出资人的其他财产问题。因此，独立法人的经理、厂长是法人代表，应该对自身的权利有充分认识，同时应对要负的责任有明确的了解。

（四）企业是一个高效的经营系统

除了独立法人的自主权利与责任所要求的自主行为之外，由于企业是在市场中运作，面对的是各种需求、有限的机会、优胜劣汰的竞争，因此经营决策不仅应具备有效性，还必须强调行动高效率，这也是要求企业对其经营要有充分的自主性，不应受到其他方面的干预。同时对于企业经营者来说，自主经营除了行动的自主性，还意味着与自主经营所相对应的"自觉"负责，包括自负盈亏、自我积累、自我发展和自我制约，这里都是所有权与经营权分离之后，企业经营管理承担的义务。为了利用好自主经营使企业得以长期、稳定的发展，管理者还必须为此建立一个科学管理的企业经营系统，其中包括有效的企业组织与领导体制、高效率运作的经营决策机制。

（五）企业是一个历史发展的产物

企业并不是从来就有的，它是商品经济发展的产物，也标志着生产力发展的一定水平。在奴隶社会和封建社会中，主要的经济形态是自给自足的自然经济，当时以家庭和手工艺业作坊为基础的自给自足的生产组织形式都不能称为企业。只有到了商品交换发展到一定程度，尤其是中间商介入生产和交换之间时，才开始产生了最原始的企业组织。随着工业革命和大机器生产的推行，掌握着市场、原料和大量流动资金的中间商开始直接进行生产性投资。这时的企业就是以第一次工业革命为基础的工厂生产制企业。由此可见，企业自诞生那天起就背负着"希望与罪恶"，它代表着新的生产方式，是社会化生产的开始，意味着生产效率和管理效率的不断提高，创新、创造活动的空前活跃；同时，企业的功利取向使经营者在方法合理的情况下，追求利润最大化。

二、企业管理的概念与特点

管理作为一种人类的实践活动是伴随着人类历史而产生、发展的，但作为一门系统的学科，其建立却是在工业化的20世纪初，而且迄今为止"管理"一词也还没有一个统一的可以为大多数人都接受的定义，原因是不同的人在不同层次、以不同的角度对待管理工作，自然对管理的认识、总结也就不同。

一般来说，管理可定义为：通过计划、组织、领导、激励、控制等环节协调好组织的各项运营性活动与资源，以期达到组织目标的过程。在这一定义中表明了管理3方面的含义。

一是管理作为一个过程，是通过计划、组织、领导、激励、控制等职能来加以实现的，这也表明了管理的基本职能与管理者的工作内容。

二是管理的对象是组织的各项业务性活动及其所使用的资源，包括人力、财力、物力、时间、信息等，即组织在使用资源的过程中通过业务性和管理性的活动以实现其经济性。

三是管理的目的在于达到组织的目标，这是其有效性的规定，至于管理过程中对效率、经济性目标的追求是在有效性确定的基础上进一步完善的过程。组织的管理性活动与其他运营性业务活动有很大的差异，它的核心是进行综合协调。其特点如下。

本书中指的管理即一般的企业管理。

（1）管理的科学性。管理是一门科学，因为它具有科学的特点，即客观规律性、真理性、实践指导性、系统件、可发展性和完善性。

（2）管理的艺术性。管理的理论、方法、原则的应用具有艺术性，这种艺术性主要指管理的技巧和根据管理对象、环境而有效应变的技艺。此外，艺术性也指领导者的感召力，使员工能够感受到领导者所要表达的目标、准则、期望。

（3）管理的综合性。管理是渗透在业务活动之中实现的，由于管理的对象、过程、目的诸要素复杂多变，管理者仅掌握单一方面的知识与技能是远远不够的，管理者要具有管理素质，也需要有业务基础，还需要有处理人际关系的能力。

（4）管理的不精确性。管理在已知条件完全一致的情况下有可能产生截然相反的结果，即投入资源相同而产出可能不同，说明管理系统非线性，其中存在着很多无法预知的因素。

（5）管理的系统性。管理是通过系统实施并实现的。在管理系统中，它尊重一般系统的规律性。管理的任务也可以认为是进行一种管理系统的决策，即分析—设计—运行。

（6）管理的二重性。管理既具有与生产力相联系的自然属性，如质量管理、库存管理、技术管理等，不带有意识形态的色彩，完全可以借鉴先进国家的发展成果；也具有与生产关系相联系的社会属性，如组织管理、战略管理、人力资源管理、企业文化管理等，带有较强的意识形态的色彩，需要企业自主创新和长期积累。

第二节　企业管理的基本职能

对于企业管理的职能，目前国内外尚有不同的看法和学派，列举如下。

（1）4种功能学派：计划、组织、领导、控制。

（2）3种功能学派：①计划、组织、指挥、协调、控制；②计划、组织、领导、激励、控制；③决策、计划、组织、领导、控制。

根据这些管理职能的内容，可以看出其内容基本大同小异，并无本质的区别。例如，领导职能，可以涵盖指挥、协调、激励等内容，具体的计划、组织、领导、控制4种职能的说法本节不展开说明。

一、计划职能

（一）计划的概念及分类

计划是企业内部管理职能中最重要的一个职能，它所涉及的问题是要在未来的各种行为过程中做出抉择，也就是预先决定做什么、如何做和由谁去做，计划职能是为了实现组织已定的决策目标，而对整体目标进行分解，并组织人力、财力、物力，拟定实施步骤、方法和制定相应的策略、政策等一系列管理活动。

计划按照不同的分类标准可以有不同的分类。

（1）按计划所涉及的时间及期限分类，可分为长期计划、中期计划和短期计划。

长期计划是指计划期限在5年以上的计划，一般又称为战略性计划。短期计划是指计划期限短于一年的计划，又称为战术性计划。计划期限介于两者之间的计划通常称为中期计划。

（2）按计划所涉及的工作，可以把计划分为生产计划、销售计划、财务计划、人事计划等。

（3）按计划的广度和范围可把计划分为政策、程序和方法。这种分类法不仅可以使人们确定计划的广度，也可以使人们知道发起计划的组织级别和计划在组织内被利用的范围大小。企业的政策在应用范围方面很广泛，它规定必要的并为公司董事会或执行委员会所认可的活动范围，往往由组织的最高阶层制定，具有相对稳定性。程序只是在部门之间或部门内部适用，它不像政策那样会影响整个组织机构，一般起源于并应用于组织内部的一个部门，但对组织内部和相关部门有着一定的影响。方法一般应用于一定的作业部门内部，被认为是为完成一定任务所必须执行的各种作业方法及其先后顺序的一种计划，并主要用于指导个人的行为。

（4）根据计划内容可将计划分为专项计划和综合计划两种。专项计划是指为完成某一特定任务而拟定的计划。综合计划是指对组织活动所做的整体安排。

（5）根据计划内容的表现形式可将计划分为宗旨、目标、策略、政策、程序、规划、预算等类型。宗旨是指明确组织从事什么样的事业，是什么性质的组织；目标是组织在一定时期内要达到的具体成果；策略是指为实现组织目标而采取的一系列措施、手段或技巧；政策是指在决策或处理重要问题时，用来指导和沟通思想与行动方针的明文规定；程序是指处理那些重复发生的问题的方法和步骤；规划是指为实现既定目标、策略、政策等而制定的较长期的安排；预算是指为实现计划的财务安排，如成本预算、销售费用预算、广告预算等。

（二）计划在管理中的作用

计划作为管理工作的一项基本职能，在管理活动中起着重要的作用。

（1）计划明确了组织要实现的目标。一个管理组织之所以能生存下去，就是因为通过分工和协作来达成一定的组织目标。通过计划，能使组织的行为瞄准一定的目标，还能预测到哪些行为会导致组织最终目标的实现，哪些行为会导致背离组织目标。计划工作就是通过一系列的预测及事先安排来协调组织的行动，实现组织的目标。

（2）计划是管理活动的纲领。计划是其他管理职能的基础，是一切管理活动的纲领。在现代社会中，任何一个工程、一项任务，其过程往往都比较复杂，劳动分工精细，专业化协作关系紧密，要使这样一个复杂的工作能很好地组织起来并保证其正常进行，必须有统一严密的计划作为共同行动的纲领。

（3）计划是控制的标准，计划和控制是管理工作中不可分割的两项工作，制定计划就是为了更好地进行控制。没有计划的行动，不能向控制活动提供控制的依据，控制活动就无法有效进行，组织也无法保证其行动的正确性，这必然会影响组织目标的实现。

（三）计划的一般程序

计划工作必须紧紧围绕着两个基本问题：一是拟实现哪些目标；二是如何实现所制定的目标。只有围绕这两个问题，完整的计划工作程序才能顺利地展开。

1. 描述、理解、沟通组织的使命和宗旨

计划工作过程起源于组织的使命和宗旨。这里存在两种情况：一是组织并不存在明确的使命和宗旨，界定并描述组织的使命和宗旨便成为计划工作的首要内容，新创办的组织、处于重大变革时期的组织往往属于这种情况；二是如果已存在明确的组织使命和宗旨，还需要正确地理解组织的使命和宗旨，并将其贯彻到计划的制定与实施工作中。在正确理解组织的使命和宗旨的基础上，还要把组织的使命和宗旨传播给组织成员、顾客及各相关利益群体，以便与计划的制定和实施工作有关的人员了解并接受组织的使命和宗旨，这将十分有利于计划的快速实施和竞争优势的营造。

2. 评估组织的当前状况

计划工作的一个重要的工作环节是对组织的当前状况做出评估，这是制定和实施计划工作方案的前提，当前状况的评估工作要对组织自身的优势和劣势、外部环境的机会和威胁进行综合分析。当然，对于那些局部作业性质的计划工作，往往并不需要特别复杂和综合的内外部环境分析。但即使如此，也要对内部的资源与外部关系做出基本的判断。分析内部资源主要应考虑组织的财务状况、员工技能水平，以及那些能反映组织当前工作状况的信息资料。分析内部资源可以了解组织目前的优势和劣势。与此同时，还应分析组织的外部关系，如与供应者之间的关系、与顾客之间的关系、与银行等公共群体之间的关系等。分析外部关系可从中得出计划工作必须予以关注的潜在机会和限制因素。

3. 制定计划目标

分析了组织的现状之后，就要回答"往何处去"这一问题，即要确定目标。目标是组织期望达到的最终结果。一个组织在同一时期可能有多个目标，但任何一个目标都应该包括以下内容。

（1）明确的主题，如增加利润、提高顾客的满意度、改进产品质量等。

（2）期望达到的数量或水平，如销售数量、管理培训的内容等。

（3）可用于测量计划实施情况的指标，如销售额、接受管理培训的人数等。

（4）明确的时间期限，即要求在什么时间范围内完成目标。

4. 估量现状与目标之间的差距

组织的将来状况与现状之间必然存在着差距，客观地度量这种差距，并设法缩小这种差距，是计划工作的重要任务。

一般来说，缩小现状与目标之间的差距可采取两类措施：一类是不打破现状，在现状的基础上争取改进，随着时间的推移不断地临近目标。例如，针对市场占有率低的现状，可以通过加大广告开支和营销力度、降低产品价格等措施，实现企业扩大市场占有率的目标，这类措施风险相对小。另一类是变革现状，有时甚至是对组织进行根本性的调整，如调整组织结构、大幅度精减人员等。这类措施风险相对大，但如果成功，组织绩效将会得到明显的改进。具体采用哪一类措施，需要对现状与目标之间的差距做出客观而准确的分析。

5. 预测未来情况

在计划实施过程中，组织内外部环境都可能发生变化，如果能够及时预测内外部环境的可能变化，对制定和实施计划来说将十分有利。所以，计划工作人员应设法预见计划在未来实施时所处的环境，对影响既定计划实施的诸环境要素进行预测，在此基础上，设计可行的的计划方案。所谓预测，就是根据过去和现在的资料，运用各种方法和技术，对影响组织工作活动的未来环境做出正确的估计和判断。预测有两种：一种预测是计划工作的前提，如对未来经营条件、销售量和环境变化所进行的预测；另一种预测是从既定的现行计划出发对将来的期望，如对一项新投资所做的关于支出和收入的预测。预测的方法多种多样，主要有两大类：一是定性预测方法，主要靠人的经验和分析判断能力进行预测，如德尔菲法等；二是定量预测方法，就是根据已有的数据和资料，通过数学计算和运用计量模型进行预测，如时间序列分析、回归分析等。这些方法往往具有较强的专业技术特征，而且复杂程度不同，所以应当有选择地加以运用。

6. 制定计划方案

在上述各阶段任务完成之后，接下来应制定具体的计划方案。计划方案类似于行动路线图，是指挥和协调组织活动的工作文件，要清楚地告诉人们做什么、何时做、由谁做、何处做以及如何做等问题。制定计划方案包括提出方案、比较方案、选择方案等工作。

计划是面向未来的管理活动，未来是不确定的，因此在制定计划方案的同时，还应该制定应急计划（或称权变计划），即事先估计计划实施过程中可能出现的问题，预先制定备选方案（有时甚至是两套备选方案），这样可以增加计划的弹性，使之更好地适应未来环境。

7. 实施计划方案

选择、制定好计划方案之后，很多人认为计划工作就完成了。但是，如果不能将之转化为实际行动和业绩，再好的计划也没用。因此，实施全面计划管理的组织，应把实施计划作为组织的中心工作，组织中的计划部门应负责并协调计划的实施过程，了解和检查计划的实施情况，与计划实施部门共同分析问题、采取对策，确保计划目标的顺利实施，在紧急情况发生时制定应急计划。当然，大部分组织的计划部门还要承担具体实施计划的任务，参与实施计划，及时获取有关计划实施情况的信息，总结和积累经验。

8. 实施结果的评估

定期对计划实施结果进行评估有助于领导和组织全面了解计划执行的情况、存在的问题以及需要改进的方向。实施结果评估是以部门为单位，采用图表的形式进行定量化评估，将各部门的结果汇总，形成评估报告，得出本期计划执行的效果，并指出本期计划的不足和需要改进的地方，促使企业计划水平不断提高。

二、组织职能

（一）组织的含义

企业组织理论是管理科学的一个重要组成部分。从历史上看，"组织"与"管理"曾被看成同义词，因此从某种意义上说，管理理论首先是从组织理论的研究开始而逐步发展形成的。

组织一般泛指各种各样的社会组织或事业单位,如企业、机关、学校、医院、工会等。美国管理学家切斯特·巴纳德认为,由于生理的、心理的、物质的、社会的限制,人们为了达到个人的和共同的目标,就必须合作,于是形成群体,即组织。经过长期研究,学者对于组织有 3 种定义。

1. 组织结构论

古典管理学派认为,组织是为了达到某些特定目标经由分工和协作及不同层次的权力和责任制度而构成的人的集合。这个定义有 3 层意思。

(1)组织必须具有目标。因为任何组织都是为目标存在的,不论这个目标是明确的或是隐含的,目标是组织存在的前提。例如,企业的目标是为社会提供满足人们需要的产品或服务,并获取利润。

(2)为了达到目标,使工作有效率,组织内的各种活动和人员必须分工协作。

(3)要分工与协作,组织必须设置不同层次的权力和责任制度,用来反映上下级之间的一种关系。下级有向上级报告自己工作绩效的义务或责任;上级有对下级的工作进行必要指导的责任。

德国社会学家马克斯·韦伯是对组织设计的发展有深远影响的学者之一,被管理学界称为"组织理论之父"。韦伯认为,一个组织系统应该是"层峰结构",即金字塔形的结构。

2. 组织行为论

社会系统学派巴纳德提出:"组织是两人或两人以上有意识加以协调的活动或效力系统。"这里强调的是组织成员的协调或协作,更适用于组织的运行分析。

3. 组织系统论

系统学派提出:"组织是开放的社会系统,具有许多相互影响、共同协作的子系统,当一个子系统发生变化时,必然影响其他子系统和整个系统的工作。"这个定义把组织内的部门和成员看成有机联系、互相作用的子系统。从作用上分,可将子系统分为传感子系统、信息子系统、决策子系统、加工子系统等;从组织上分,可将子系统分为管理子系统、执行子系统、操作子系统等。系统论更适用于组织变革分析。

4. 权变理论

权变理论认为,一个组织是由各子系统组成的系统,并从环境的分界来划出轮廓,要尽量了解各个子系统内部及其各子系统之间的关系,以及组织和环境之间的关系,并尽量明确各个变量的关系和结构模式。它强调组织变化无常的性质,并且注重了解组织在不同条件下和在特定条件下如何运转。

不同的企业需要不同的组织结构。由于受外部环境制约，凡是有特定的目标、稳定的环境、严密的界限、常规技术和雇佣人员、追求可靠性的地方，比较机械的组织是有效的；凡是目标比较模糊不清，有动态环境，并且必须有革新的地方，有机形式的组织可能更适当。

应当指出的是，世界上并没有一种适应一切组织的结构。不管是哪一种组织体系理论，哪一种组织形态，现代管理组织都要充分发挥个人的智慧来创造整体的成就，所以不但要注意内部规律化的交互作用，而且要注意环境的适应。现代管理组织就是一种系统结构，不但要注意功能系统，充分发挥人的结合力量，而且要注意人机系统，以及社会的、经济的、技术的各种系统的相互影响。

在管理学中，"组织"可以从静态和动态两个方面来理解。从静态方面看，组织是指组织结构，即反映人、职位、任务以及它们之间的特定关系的网络。这一网络可以把分工的范围、程度、相互之间的协调配合关系、各自的任务和职责等用部门和层次的方式确定下来，成为组织的框架体系，如工厂、机关、学校、医院，各级政府部门、各个层次的经济实体、各个党派和政治团体等，这些都是组织。从动态方面看，组织是指维持与变革组织结构，以完成组织目标的过程。通过组织机构的建立与变革，将生产经营活动的各个要素、各个环节，从时间、空间上科学地组织起来，使每个成员都能接受领导、协调行动，从而产生新的、大于个人和各集体功能简单相加的整体职能。因此，组织职能包括 3 个方面的内容：一是组织的结构；二是组织的行为；三是组织的变革。

（二）组织的性质及构成

1. 组织的性质

组织的性质是由组织本身所决定的，或者说由组织的构成要素所决定的，组织的性质同时反映了组织的构成要素，可以通过了解组织的性质了解组织的构成要素。在系统科学研究中，人们从各个方面描述了系统的具体特征，如整体性、统一性、结构性、功能性、层次性、动态性和目的性等。其中，目的性、整体性是系统最普遍、最本质的特征，组织也是系统，因此所有组织，无论是社会组织或生物组织都具有目的性、整体性这两个主要特征。

2. 组织的构成

根据组织表现出的性质，可以把组织的构成要素确定为组织环境、组织目的、管理主体和管理客体。这 3 个基本要素相互作用，共同构成一个完整的组织。

（1）组织环境

组织环境是组织的必要构成要素。组织是一个开放系统，组织内部各层级、部门之间和组织与组织之间，每时每刻都在交流信息。任何组织都处于一定的环境中，并与环境发生着物质、能量或信息交换关系，脱离一定环境的组织是不存在的。组织是在不断与外界交流信息的过程中，得到发展和壮大的。所有管理者都必须高度重视环境因素，必须在不同程度上考虑到外部环境，如经济的、技术的、社会的、政治的和伦理的，使组织的内外要素互相协调。

（2）组织目的

所谓组织目的，就是组织所有者的共同愿望，是得到组织所有成员认同的，任何一个组织都有其存在的目的，建立一个组织，首先必须有目的，然后建立组织的目标，如果没有目的，组织就不可能建立。已有的组织如果失去了目的，这个组织也就名存实亡。企业组织的目的就是向社会提供用户满意的商品和服务，从而为企业获得更多的利润。

（3）管理主体和管理客体

管理主体是指具有一定管理能力，拥有相应的权威和责任，从事现实管理活动的人或机构，也就是通常所说的管理者。管理客体是管理过程中在组织中所能预测、协调和控制的对象。

管理主体与管理客体之间的相互联系和相互作用构成了组织系统及其运动，这种联系和作用是通过组织这一形式而发生的。管理主体相当于组织的施控系统，管理客体相当于组织的受控系统。组织是管理主体与管理客体依据一定规律相互结合，具有特定功能和统一目标的有序系统。在管理的过程中，管理主体领导管理客体，管理客体实现组织的目的，而管理客体对管理主体又有反作用，管理主体根据管理客体对组织目的的完成情况，从而调整自身的行为。

三、领导职能

（一）领导

领导是管理工作的一个重要方面。卓越的领导能力是成为一个有效的管理者的重要条件之一。也就是说，一个好的管理者首先应是一个有效的领导者。因此，可以说领导就是一种通过指挥和协调个人活动，使之与整个群体利益相一致的行为。由此可见，领导活动包括3个基本要素，即领导者、被领导者以及两者结合的作用对象。

1. 领导者

领导者是领导活动的主导因素。从广义上讲，凡是率领或引导组织成员朝一定目标前进的人都是领导者；从狭义上讲，领导者是指由一定组织正式委任，具有一定职权，负有相应责任和代表群体利益的人。领导者意味着权力、责任和服务三者的统一。领导者服务越高，权力越大，责任也就越大。

2. 被领导者

被领导者是领导者与作用对象的中介环节，可分为绝对被领导者和相对被领导者。绝对被领导者是指在社会组织中不担任任何领导职务的人；相对被领导者是指担任一定领导职务的被领导者。

3. 作用对象

作用对象即客观环境，是领导活动中不可缺少的因素。领导活动就是把已认知和尚未认知的客观环境转化为已进入领导活动的那部分客观环境的过程。

领导活动是以上三要素相互作用、相互结合的表现形式，也正是由此形成了领导活动的一般规律，即通过沟通、激励和运用科学领导方法实行有效领导。

（二）沟通

1. 沟通的概念

沟通就是信息的交流，是信息由发出者到达接收者并为接收者所理解的过程。沟通既是社会心理学、行为科学及管理心理学的研究课题，也是现代管理学研究的内容。

一个有效的领导者需要必要的信息去履行其领导职能和开展管理活动，而信息的获取必须通过沟通来实现。因此，沟通就成为领导者实现其领导职能的一种手段。

2. 沟通的过程

沟通是使有组织的活动统一起来，使目标得以实现的手段。一个沟通过程包括信息的发出、传送、接收、反馈 4 个环节。沟通过程是一个双向传递的过程。

（1）信息的发出者

沟通开始于信息发出者。信息发出者或者是领导者，或者是被领导者。信息的发出者是沟通的发起人。信息在发出时，要求发出者以接收方理解的方式对信息进行编码后再传送。只有这样，信息接收者收到信息后，才能了解并反馈。

（2）传递渠道

信息在传送过程中，要借助某种传递渠道作为媒介，如电话、书信等方式。有时可使用两种或更多渠道，如用电话联系的两个人达成一项协议后，再用函件的形式加以确认。另外，不同的媒介各有利弊，因此在多种选择的情况下，正确选择渠道是极为重要的。

（3）信息接收者

信息接收者就是沟通的对象，可能是领导者，也可能是被领导者，信息接收者必须注意接收信息，才能正确理解信息发出者的思想。如果信息接收者没有注意或者根本就没有接收信息的话，就会增加沟通失误的可能性。

（4）反馈

信息从发出者传到接收者，只完成了沟通的一个方面，因为接收者的反馈信息还没有传递到发出者。这样，信息发布者就不会了解接收者的状态，如接收是否准确、是否受到干扰、是否存在错误等，这些都会妨碍沟通。因此，反馈是沟通过程中不可缺少的一个必要环节。

3.沟通的类型

（1）正式沟通

正式沟通一般指在组织系统内，依据组织明文规定的原则进行的信息传递与交流。

①正式沟通有下向、上向、横向、斜向沟通等方式。斜向沟通是发生在组织内部不同系统、不同层次的人员之间的沟通，政府组织中的其他正式沟通渠道会起到一定的补充作用。

②沟通的网络是指组织的沟通信息纵横流动所形成的各种形态。常见的沟通网络一般有5种形态，即链式、环式、Y式、轮式和全通道式。

a.链式沟通：容易失真。

b.环式沟通：组织的集中化程度较低，组织成员具有比较一致的满意度。

c. Y式沟通：集中化程度高，除中心人员，组织成员的平均满意程度较低。

d.轮式沟通：集中化程度高，解决问题的速度快。

e.全通道式沟通：组织成员的平均满意程度高且差异小，因此士气高昂；但易造成混乱且费时，影响工作效率。

（2）非正式沟通

非正式沟通和正式沟通不同，它的沟通对象、时间及内容等都是未经计划和难以辨别的。在相当程度上，非正式沟通的出现也是出于决策对于信息的需要。非正式沟通较正式沟通具有较大的弹性，它可以是横向流向或斜角流向，一般也比较迅速。

（三）激励

激励就是引发和促进人们去进行某种特定行为的活动管理，指管理者运用某种方法与途径，使组织成员能够为达到组织目标而积极行动、努力工作的活动过程。因此，就管理者而言，激励呈现出一种由管理者所实施，意在引发、维持、促进人们进行管理者所预期的行为的管理活动过程。激励的方法要根据激励因素确定，通常有工作成就感、身份、权力欲、竞争压力、金钱等。

1. 工作成就感

工作成就感是一个人成功的欲望。工作中的挑战越大，工作成就感就越大。因此，人们必须知道他们工作的职责范围，必须相信他们正在做的工作所具有的价值。只有这样，人们的这一需要才容易得到满足。

2. 身份

身份也就是一个人的地位，包括称号、头衔、提升以及诸如办公室的规格、职位任命等。

3. 权力欲

权力欲即达到领导地位的强烈愿望。大多数职工潜意识中都有这一需要。这是在被领导的情况下所形成的，人们总希望自己在同辈中成为一个领导者。出于这一原因，可以允许职工参与管理。这样做不仅可以激励职工，还可以为企业成功提供有价值的建议。

4. 竞争压力

竞争充满了社会的各个方面，从日用品的促销到管理人员的选拔均存在竞争，通过竞争促使优胜劣汰。因此，谁都有被淘汰出局的可能。每个人都想在竞争中获胜，因此竞争压力也是一个激励因素。

5. 金钱

在大多数场合，金钱不仅仅是钱，通常还是其他激励因素的一种反映。作为一种激励因素，金钱主要表现为劳动报酬，即主要是通过劳动换来的。金钱之所以能激励人们，是因为金钱是人们达到基本生活水平的重要手段。也就是说当人们对金钱的需要已不再那么迫切的时候，金钱也就不再是一种激励因素，而只是一种保健因素，即维持一个组织机构配备足够人员的一种手段。

总之，激励取决于领导方式和管理实践，反过来又影响领导方式和管理实践。领导者如果要设计一个人们乐意在其中工作的环境，必须对个人的激励做出反应，即采取相应的激励方法。同时，各个激励因素之间不是独立和分隔的。因此，在采用相应的激励方法时，要综合考虑，分清主次。

（四）领导者素质

领导者素质是实现领导目标的主观要素。在领导活动中，领导者处于主导地位，领导者素质的高低对领导目标的实现和领导效能起着决定性作用。

领导者素质是指领导者在一定时间、空间条件下实施领导的知识、才能、品格、精神、观念、气质、体魄等诸方面因素的总和。领导者素质的主要内容有知识素质、能力素质、品格素质和精神素质等。

1. 知识素质

知识素质是领导者不可缺少的重要素质。简言之，知识素质就是领导者的真实才学，具体包括深厚的基本理论知识、娴熟的专业管理知识、广博的科学文化知识等。

2. 能力素质

能力素质是领导者素质的核心，是领导者把主观意图转化为客观现实的转换器。良好的能力素质主要包括统筹全局的洞察力、权衡利弊的决断力、周密严谨的组织能力、善于沟通的协调能力和适时调整的应变能力等。

3. 品格素质

品格素质是领导者素质中的重要素质，主要包括高度的事业心、秉公办事的原则性、谦让客人的素质以及以身作则、严于律己的自制力等。

4. 精神素质

精神素质是领导者素质的又一重要素质，它是领导者取得成功的催化剂。良好的精神素质包括勤奋不息的好学精神、进取不息的创新精神、执着不渝的求实精神和坚韧不拔的顽强精神等。

四、控制职能

（一）控制的基本内容

控制是组织在动态的环境中为了实现既定的目标而进行的检查和纠偏活动或过程，控制是保证管理目标实现的一项职能。管理的任务在于保证计划目标的实现，而管理的动态性决定了在计划执行过程中，由于各种因素的干扰，实际往往偏离了计划。控制的职能就在于及时发现实际活动偏离计划的情况、原因和责任，并及时加以纠正，使计划的执行与计划的要求相一致。因此，控制工作就是尽量使实际符合计划，其中，纠正偏差的措施可能是一些简单的措施，只是使实际偏差校正为计划要求的状态，也可能导致确立新的目标，提出新的计划。

管理控制与计划、组织及领导密切联系在一起，共同形成管理工作循环系统，它们都是管理的职能。只要存在管理工作，这种循环就会反复运行，而每一次循环的完成都把管理工作推向一个新的高度。其中，管理计划是控制的标准和依据，而控制是计划实施过程中的保证；管理组织和领导是控制得以进行的前提条件，而控制工作又是组织和领导的主要任务。

（二）控制的类型

1. 按照控制活动的性质，可分为预防性控制与更正性控制

（1）预防性控制是避免产生错误，或尽量减少更正活动的控制类型。例如，人人知法、人人懂法，就可以在很大程度上减少由于不知法、不懂法而导致的违法行为的发生。因此，国家强调法律，制定法令法规并大力宣传普及，这就是预防性控制措施。一般来说，规章制度、工作程序、人员训练等都起着预防控制的作用。

（2）更正性控制的目的在于当出现偏差时，使行为或实施进程返回到预先确定的或所希望的水平。例如，定期对企业以及各类组织进行财务审计，有助于及时发现问题、解决问题。

2. 按照整个组织控制活动的来源，可分为正式组织控制、群体控制和自我控制

（1）正式组织控制是由管理人员设计和建立起一些机构或规定来进行控制。如规划、预算和审计部门是正式组织控制的典型例子。组织通过规划指导组织成员的活动，通过预算来控制经费使用，通过审计来检查各部门或个人是否按照规定进行活动，并提出改正措施。

（2）群体控制是基于群体成员的价值观念和行为准则，由非正式组织发展和维持的。非正式组织有自己的一套行为规范，其成员都知道遵循这些规范或是违反这些规范的利害。例如，建议一个新来的职工把产量限制在一个群体可接受的水平，就是在企业管理中经常遇到的群体控制事例。群体控制在某种程度上左右着组织成员的行为，处理得好，有利于达成组织目标；处理不好，将会给组织带来很大危害。

（3）自我控制是组织成员有意识地按某一行为规范进行活动，也称个人自我控制。例如，一个职工不把集体的财物据为己有，是由于他具有诚实、廉洁的品质，而不单单是怕被抓住而受惩罚。这是有意识的个人自我控制。自我控制能力取决于个人本身素质，具有良好修养的人一般自我控制能力较强。

上述正式组织控制、群体控制和自我控制措施的采用取决于组织对其成员的教育

和吸引力，或者说取决于组织文化。有效的管理控制系统应该综合利用这3种控制措施。

3. 按照控制活动的重点，可分为预先控制、现场控制和反馈控制

（1）预先控制是面向未来的控制，又称前馈控制。它是在做出决策和计划时，预先为实施计划做好充分的准备工作，尽量减少实施中的偏差。这种预先控制正是决策中的预测工作，也是预测的实质，即控制。在管理控制中，只有在管理者能够预先对即将出现的偏差有所察觉并及时采取措施时，才能实现有效控制。

（2）现场控制（即事中控制）是指在实施计划的过程中，充分体现管理控制的那一部分工作，又称适时控制，通常包括确立标准、收集信息、衡量成败和纠正偏差等内容。现场控制是一种运用较多的控制方法。做好现场控制，有利于提高效率，及时纠正偏差，较好地保证计划的实施，从而实现有效控制的目标。这一控制方式也是最基本的控制方式。

（3）反馈控制也称过后行为控制或事后控制，是指在行动和任务完成之后，用实际结果和原计划标准进行比较，作为将来工作的借鉴，并采取相应措施加以纠正和改进。这一控制方式是以管理作为一个系统，把计划的完成情况反馈到决策阶段，为下一个系统循环的运行制定新的目标，包括在计划完成时存在的问题、偏差情况、原因等，从而达到逐步控制、改进的目的。因此，这种控制方式也是决策的一部分，可以为决策提供依据，并进行信息反馈，是有效控制不可缺少的一个环节。

4. 按照组织控制所使用的手段，可分为直接控制与间接控制

（1）直接控制从字面理解是指通过控制者与被控制者直接接触进行控制的形式。在现代经济管理活动中，人们把直接控制理解为通过行政手段进行的控制。由于行政命令往往比较简单、直观，因此在实际的经济管理活动中需要考虑到其应用范围，否则直接控制可能起到不好的效果。

（2）间接控制从字面理解是指控制者与被控制者之间并不直接接触，而是通过中间媒介进行控制的形式。在现代经济管理活动中，人们习惯于把利用经济杠杆进行控制称为间接控制，经济杠杆主要有税收、信贷、价格等经济措施或经济政策。在企业内部将奖金与绩效挂钩的分配政策，运用思想政治工作手段形成良好风气，都可以有效地控制人们的行为，这些都属于间接控制。

此外，从对控制客体的作用方式的角度，还可以把控制分为外加控制和自我控制。外加控制是被动的，控制由管理者发出而作用在控制客体上，因而称为外加控制。自我控制则不同，控制的客体和主体具有同一性，因而这种控制是主动控制。主动控制能更好地把握计划的执行情况，对发生的偏差能迅速采取相应的措施纠正，而不致于使偏差扩大、蔓延，所以这是一种有效的控制方法。管理者所追求的正是有效的自我控制。

（三）控制程序

控制程序是指控制工作过程的先后顺序。无论控制方式如何，基本控制程序都包括 3 个步骤：①确立标准；②衡量执行情况；③纠正实际执行情况与计划的偏差。

1. 确立标准

前面我们谈到计划是控制工作必须依据的标准，因此确立标准，首先就是制定计划。只有制定了计划，控制才有了依据。同时，由于不同计划的详尽程度和复杂程度各不相同，管理者不可能注意到每一件与计划相背离的小事，因此除计划外，还应确立具体的标准和规范来加以约束，用来对工作成果进行计量、考核，从而纳入管理的正常体系中，作为管理控制的一种手段。

2. 衡量执行情况

衡量实际执行情况要以标准为依据，最好的办法是使差错在实际发生之前就被发现，并及时采取措施加以纠正。但是在实际工作中，这一点不是总能办到。因此，应尽早公开标准和已发生的偏差情况，以便下一步加以纠正。在这里，衡量绩效不是等计划执行完成以后，再将实际执行情况与计划进行比较，而是用计划和各种标准、规范来约束执行，使偏差消失在控制之前。

3. 纠正实际执行情况与计划的偏差

纠正实际执行情况与计划的偏差是控制工作的中心环节，不进行偏差的纠正，控制过程就不能算完成。纠正偏差通常有两种情况。一种是积极偏差的纠正，即偏差是正向的，工作业绩比标准还要好。这种情况下首先需要纠正标准，对以往的标准进行修改，使技术进步成为标准制定的主要依据，其次是工作努力程度。只有这样的标准，才能反映工作成效，成为控制的标准。另一种情况是消极偏差的纠正，即偏差是负向的，也就是工作业绩没有达到标准要求。这种情况下，管理者可以重新制定计划或修改目标来对偏差加以纠正，即纠正标准；也可以运用组织职能，通过明确职责或重新指派人员来加以纠正；还可以通过更好的指导和有效的领导来纠正。由此可见，纠正偏差作为控制过程中的中心环节，与其他管理职能交错重叠在一起。这也说明了管理的各项职能是统一的，管理过程是一个完整的系统。

第三节　现代企业制度

一、现代企业制度的概念

对于现代企业制度的概念，目前理论界还没有统一的看法，下面从两个方面来理解现代企业制度的概念。

（一）现代企业制度是针对传统国有企业制度提出来的

我国传统的国有企业制度是为适应高度集中的计划经济而建立起来的。这种传统的企业制度大体上经历了 3 个发展阶段，即供给制阶段、经济核算制阶段和经济责任制阶段。在不同的阶段，企业的经营权限、国家对企业的管理虽然也有很大的不同，但它们都是适应计划经济的，是在计划经济体制基本框架内经营方式和管理方式的一些变化，这种企业制度存在着一些先天的弊病：①企业的产权关系模糊化。企业的资产和所有者的其他资产没有严格的界限，所有者缺位，所有者的权益不能得到有效的实现。②产权封闭化。企业按照所有制性质分类、管理，不同所有制企业的产权严格分开，不能混合。③企业行政机构化。企业不是真正的企业，只是政府行政机构的附属物。与企业行政机构化相对应的是企业决策集中化，企业的各项生产都听从政府安排。④组织形式非法人化。企业没有可供独立使用和支配的财产，就其法律地位而言，它们不具备真正的法人资格。⑤职工就业凝固化，企业招收职工由政府机关采用指令性计划分配，企业和职工都缺乏选择的自由，而且流动十分困难。⑥分配平均化。企业利润全部上交，亏损时由政府补贴，企业吃国家的"大锅饭"。⑦外部管理非法制化。把政府职能和所有者的职能相混淆，政府对企业采用直接的行政性手段进行管理，领导部门多，职责不清。这些弊病不适应新形势的要求，尤其不适应社会主义市场经济的要求。实行改革开放政策以来，虽然国家很重视企业改革，并取得了很大成绩，但是从整体来看，企业改革还没有取得实质性的进展，特别是一些大型企业和特大型企业还缺乏活力，经济效益不高。事实证明，不解决产权问题和建立现代企业制度，使企业成为完全独立的商品生产名称，企业经营机制很难发生根本性转变。所以，必须用现代企业管理制度代替高度集中的计划经济体制下形成的传统的国有企业制度。

（二）现代企业制度是针对早期的企业制度提出来的

从产权关系和法律形态来考察，企业制度经历了独资企业、合伙企业和公司企业3个发展过程。

历史上最早出现的是独资企业，又称单一业主企业、个人业主企业或个体企业。这种企业由业主个人出资兴办，直接经营，并享有企业的全部经营所得，同时对企业债务负无限责任，出现资不抵债时，业主要用自己的全部财产来抵偿。独资企业的局限性是规模小，筹资较困难，业主负无限责任，风险大，而且企业生存时间有限。这些缺点使单一业主企业逐渐发展到合伙企业。

合伙企业是由两个或两个以上的投资者共同出资兴办的企业。这种企业一般通过合同来规定投资者的收益分配方式和亏损责任。它的优点是：扩大了资金来源和信用能力，能够分散经营风险。合伙企业的缺点是：合伙人必须以其全部财产对企业的债务承担无限责任，风险较大；合伙人都有较大的决策权，遇到一些有争议的问题，很难及时做出决策；企业的寿命有限，任何一个合伙人死亡或退出都可能威胁到企业的生存。

继合伙企业之后出现了公司企业。公司是指由两个或两个以上投资者出资共同创办的企业。由于投资者承担的责任不同，公司在法律形态上又可以划分为无限责任公司、有限责任公司、股份有限公司、两合公司和股份两合公司5种形式。必须指出的是，大陆法系和英美法系的划分是不同的。区别之一是大陆法系承认无限责任公司、两合公司和股份两合公司是法人企业，而英美法系则把这3种形式看作与合伙企业相同，不承认它们具有法人地位。按照英美法系，公司只存在负有限责任的公司形式。在这些公司中，有些公司的资本不被分为等额股份，股票也不上市交易，它们被称为私公司或者封闭公司；有些公司的资本被分为等额股份，它们被称为有限责任公司，其中股票上市交易的公司被称为股份有限公司。

在西方市场经济的国家中，虽然独资企业、合伙企业和公司企业这3种企业形式同时并存，而且从企业数量来看，前两种企业占较大比重，但是规模较小。从拥有的资产、产出和雇用的职工等指标来看，公司企业占主导地位。以美国为例，美国约有1000万家企业，其中，个人业主企业约为700万家，合伙企业约为100万家，股份公司约为200万家，但是股份公司资产、产出和雇用的职工都占全国企业的80%左右。制造、交通、公用事业、金融等产业的企业几乎都是采用股份公司的形式；在贸易、建筑等行业中，大约1/2的企业采用股份公司形式；股份公司只在农业和某些特殊的服务业，如医药、会计等行业不占主要地位。可见，公司企业在西方国家的经济中起着十分重要的作用。

从上面的分析可以得出这样的结论：现代企业制度是随着商品经济的发展而产生的，是适合现代商品经济要求的一种企业制度，其主体形式是股份公司。

二、现代企业的基本特征

（一）以现代科学技术为基础

在现代企业中，生产经营活动的进行是以现代科学技术为基础的。现代企业一般都拥有各种先进的技术装备和大量文化技术水平高、操作技术熟练的科技人员和生产工人，并广泛运用先进的工艺和新材料，尤其是近些年来，由于电子计算机和其他高科技的出现和广泛应用，一些企业的技术基础发生了革命性变化，企业对现代科学技术的依赖性也愈加突出。

（二）采用现代企业制度

企业制度是企业内在的产权制度与外在的组织形式的统一。随着社会生产力的发展，企业制度也经历了由单一化向多元化的发展，出现了由原始企业制度——个人业主制企业，到合伙制企业再到现代企业制度——公司制度的变化，公司制度特别是股份公司制度是当今西方现代企业普遍采用的一种基本企业制度。

（三）实行现代企业管理

企业管理是社会生产力发展的产物，反过来又促进了生产力的发展。随着资本主义工厂制度的出现，企业管理经历了由传统管理到科学管理，再到现代管理的发展过程。实行现代企业管理是企业以现代科学技术为基础、进行生产经营活动的客观需要，是科学技术转变为现实先进生产力的要求。当今现代企业的管理大都是在现代企业管理理论指导下进行的，是由一些有学识、有经验的管理专家来掌握企业经营管理权，实行的是现代企业领导体制，企业管理中广泛采用现代企业管理技术、管理方法，建立起现代企业管理组织和各种管理制度。

（四）具有现代企业文化

人是企业发展之本。在现代企业中的人既是追求一定物质利益的"经济人"，又是处于一定社会关系中的"社会人"，也是由一定理想、价值与信念等精神因素支配的"文化人"。在现代市场经济条件下，企业要生存和发展，不仅有赖于现代先进的科学技术和管理，更重要的在于全体员工劳动热情的充分发挥，在于与之相适应的包括理想、信念、规范等在内的企业文化的创立。在市场经济的长期发展过程中，现代企业逐步把自己的价值观、规范、制度积淀下来，形成了优秀的现代企业文化，即现代企业价值观。其基本内容包括以下几点。

（1）追求最大的利润。

（2）把利益还原于股东。

（3）把利益还原于职工。

（4）为社会做贡献，对社会负责任。

（5）提倡职工的敬业精神和团队精神。

（6）创立良好的企业形象。

三、建立现代企业制度的必要性

（一）建立现代企业制度是社会主义市场经济的客观要求

企业体制是整个经济体制的一个重要组成部分和中心环节，它必须和整个经济体制相适应。改革前，我国实行的是高度集中的计划经济体制，决定了企业只能采用缺乏自主权的传统国有企业制度。随着改革的深入和发展，我国经济体制改革的目标是要建立社会主义市场经济体制。这种市场经济是一种现代商品经济，它要求有现代企业制度、健全的市场体系和完善的宏观管理系统。这三者是相互联系、相互制约的。没有健全的市场体系，没有适应市场经济的宏观调控，不可能有真正的企业。同样，没有真正的企业，市场体系也难以形成，间接的宏观调控也难以实现。所以，独立的企业是社会主义市场经济的微观基础，要使企业成为独立的商品生产者和经营者，实现自主经营、自我发展、自我约束、自负盈亏，那么在企业改革中就必须转变观念、转变思路、转变战略，由扩权让利转变为转换企业经营机制，由单纯实行所有权和经营权的分离转变为重组企业的产权关系，由推行承包制度转变为创新企业制度。概括起来说，就是要建立现代企业制度，重新构造适应社会主义市场经济的微观基础。

（二）建立现代企业制度是企业改革实践深入发展的要求

我国城市经济体制改革是从扩大企业自主权开始的，到现在大体上经历了扩大企业自主权、建立经济责任制、实行利改税和转变企业经营机制4个阶段。在改革的前3个阶段，城市经济体制改革基本上走的是扩权让利、以利益刺激为主的道路。当然，这绝不是说不需要调整国家、企业和职工的利益关系，在高度集中的计划经济体制下，国家在财政上实行统收统支的政策，企业没有自身独立的经济利益，经营好坏一个样，挫伤了企业和职工的积极性。不调整三者的利益关系，企业就不能产生内在的经济动力，搞不好经营管理，没有经济效益，职工也缺乏长久的积极性和创造性。但问题是调整利益关系必须以机制的转换为根本前提，离开机制的转换单纯调整利益关系，就给企业留下了"利益谈判"的空间。企业利益的获得不是完全依靠自身的经营努力，而在很大程度上要靠与政府"讨价还价"的谈判来实现。而且，由于企业没有形成自我约束机制，当外部约束减弱之后，企业不合理行为就泛滥起来，盲目投资，滥发奖金、财物等。

第四节 企业制度的演变过程

企业制度本身有一个形成与发展的过程，企业的组织形态经历了由独资企业（即单个业主制）到合伙企业再到公司企业的过程，而公司企业的发展史是企业组织发展史或企业制度史中的重要内容。要研究现代企业制度，探讨如何建立具有中国特色的现代企业制度，就有必要了解公司制度的发展过程。本节将着重阐述企业制度（主要是西方公司制度）的演变及企业形态。

企业形态或企业组织形式的发展与生产力的发展、商品经济及市场经济的发展密切相关。这有两层含义：①在各个历史时期占主导地位的企业组织形式随着生产力和商品经济的发展而有相应的变化；②某一种企业组织形式本身随生产力和商品经济的发展而发展。

尽管在现代市场经济体制下企业的各种形态或企业的各种组织形式是并存的，如独资企业、合伙企业和公司企业并存于现代市场经济体制下的各个国家之中，但从企业形态或企业的组织发展过程看，毕竟还是有一个从独资企业到合伙人企业再到公司企业的演变过程。在此，着重介绍公司企业的发展。

一、公司企业产生的背景

公司制度虽然是在资本主义制度发展到成熟阶段才得以广泛发展的，但是不能说公司制度是资本主义特有的产物或经济现象。资本主义经济只是公司制度经历过的一种社会形态。一般认为，股份制及其组织形态起源于中世纪的欧洲。但是，实际上对这个问题还可以追溯到更远的时代。从一些文献来看，早在罗马帝国时期，就存在着公司或类似于公司的组织。在罗马，第一个类似于公司的组织以股份有限公司的形式出现，它向公众出售股票，以便履行为支持战争而签订的政府合同。当时不可能存在大规模的组织，因为政府只允许股份有限公司履行政府的合同，并不得从事其他任何活动。那时的船夫行会就是类似于公司的组织，当时，粮食贸易是一种巨大而有厚利可图的事业，它由政府一手控制。所有运粮船只都只由那些与政府签订合同的公司来管理。古罗马的包税人的股份委托公司被经济史专家认为是股份公司的先兆。

二、公司制度的起源

公司制度的起源和发展首先是和贸易的兴旺、分散风险的要求联系在一起的。

从当时大陆方面的情况看，在中世纪的欧洲，地中海沿岸各城市海商繁荣，都市兴旺，商业较为发达，商人一般都要把自己所经营的商号传给自己的亲属、子女。亲属、子女在得到祖传产业后要分家产，但又不愿意歇业，于是便共同继承、共同经营先辈所经营的商业企业，共享盈利、共负亏损，从而形成了家族营业团体或称家族企业。家族企业曾盛行于法国，这是后来的无限公司、有限公司的前身。

从海上贸易的情况看，中世纪海上贸易兴旺，由于海洋浩瀚，交通不便，从事海洋贸易既需要巨额的资本，又要冒很大风险。例如，可能遇到风浪的袭击和海盗的骚扰、抢劫，于是船舶共有便应运而生。这种公司实际上是一种合伙公司或合营公司，入股者之间的关系是一种合伙关系。

三、原始公司制度

从罗马帝国时期到 15 世纪末的这一漫长时期，虽然公司在组织、数量、规模、经营上都逐步向着近代公司和现代意义的公司发展，并为近代公司和现代意义上的公司的出现做好了经济、组织上的准备。但是，在这个过程中，公司的发展仍处于一种幼稚的、原始的状态。因此，把这一时期的公司称为原始公司，把这一时期的公司制度相应地称为原始公司制度。公司制度发展的原始性特点主要表现在以下几个方面。

（1）没有明确的公司法律规范。依法成立是公司的一个重要特征，而原始公司在合伙内容、经营方式、分配办法等方面都没有明确的法律规范。

（2）组织上的合伙性。原始公司无论是罗马帝国时期的类似于公司的组织，还是中世纪索塞特（与海洋贸易相关的合伙型股份形式）、船舶共有和家族企业，都具有明显的合伙性，而合伙企业是企业组织形式发展中的一种形式，它与现代意义上的股份公司相距甚远。

（3）与合伙性相联系的投资短期性。原始公司往往是为了一次交易或几次交易，或为每次航海筹集资金，才实行合伙经营，当这种交易、航海活动等完成后，参与者往往就收回股本和利润。

（4）组织的不稳定性。这一特点与原始公司的合伙性也是紧密相连的，合伙性决定了原始公司的发展很容易夭折，不能延续很久。

（5）规模的局限性。具有合伙性的原始公司虽然能够比独资企业筹集到更多的资本，使企业规模有可能比独资企业大，但它能够筹集到的资本有限，所以原始公司在企业规模上具有较大的局限性。

（6）责任的无限性。尽管有些原始公司中某些股东负有限责任，但并未成为主流，责任的无限性仍是原始公司的一个重要特点。

（7）形式的多样化。虽然合伙企业是原始公司的主要组织形式，但是从具体形式来看，却有船舶共有、索塞特、家族企业等多种形式。然而，原始公司的形式多样化与现代意义上的公司形式多样化含义不同。

（8）数量的有限性。从已有的资料看，原始公司在数量上很有限，它在当时并未成为大量的、普遍的、占主导地位的经济组织形式。

四、近代公司制度

15世纪末到19世纪末是由原始公司向现代公司过渡的时期，也是由原始公司制度向现代公司制度过渡的时期。这一时期公司制度发展的主要特点如下。

（1）出现了法律规范。在英国詹姆士一世统治时期首次确认了公司作为独立法人的观点。1673年，法国颁布了《商事条例》，首次以法律的形式确认家族营业团体为公司制度。1826年，英国颁布条例，给股份银行法律认可。1855年，英国认可了公司的有限责任制性质。1862年，英国颁布了股份公司法。1870年，《法国商法典》开始有公司的规定。到1875年，美国大多数州都为公司的发展制定了法律。上述法律的颁布是公司制度逐步走向成熟的重要标志之一。

（2）迎合殖民扩张的需要。殖民扩张是进行资本原始积累的组织方式之一。新航线和新大陆发现后，16世纪的国际贸易逐步从地中海转到大西洋，英国成为重要的贸易中心。代表商业资产阶级利益的重商主义出现后，西欧国家的资产阶级在争夺政治、经济权力的过程中，采取了一系列重商主义政策和对外殖民扩张的政策。在这样的背景下，出于殖民扩张、对外贸易、资本原始积累的目的，英国、荷兰、法国、丹麦、葡萄牙等国出现了一批由政府特许建立的、具有在国外某些地区进行贸易垄断特权的贸易公司。

（3）组织形式从以股份集资经营为主逐步向现代公司过渡。上述的这些特许公司可以分成两大类，一类是合组公司，另一类是合股公司。没有共同资本，凡是有资格的人都可缴纳入伙金，加入组织，但各自的资本由各自管理，贸易危险亦由各自负担，对于公司的义务，只是遵守其规约，这种公司称为合组公司。以共同资本进行贸易，各股员对于贸易上的一般利润或损失都按其股份比例分摊，这种公司称为合股公司。这些合组公司或合股公司有时拥有专营的特权，有时又不拥有这种特权。相比之下，对于大规模的海外贸易来说，作为现代公司先驱的合股组织要比合组公司这一类企业组织更优越，合股公司在得到政府的特许后，可以通过虚售股票向个人投资者募集资本。与合组公司相比，合股公司有 3 个明显的优点：①可以募集更多的资本用于支付海外贸易所需的船舶及货物的开支。②可以使所有权和经营权分开，使人们投资于商业而不必参加管理。③在船舶、货物经常遭受损失的情况下，合股公司显然能够分散风险。继合股公司后，出现了商人集股共同经营的特许股份公司。

第二章　企业市场经营管理

第一节　市场营销的观念

一、市场的概念

为了说明什么是市场，首先要了解与市场有关的基本概念，它们是市场营销研究的基础。这些概念包括需要、欲望和需求，产品和交换等。

（一）需要、欲望和需求

人类的需要是指没有得到基本满足的感受状态。如人们需要食物、衣服和住所等，以维持生存。在这些基本生存需要得到满足以后，人们还有安全、归属和自尊方面的需要。这些需要构成市场营销的内容。但它们中一些需要是营销者和企业所不能创造的，它们的存在依赖于人类自身的生理结构和生存条件的变迁。

人的欲望是指想得到某些具体满足上述基本需要的物品和服务的愿望。一个人需要食品充饥——想得到一块面包或其他食品；需要抵御寒冷——想得到一件衣服；需要社交——想和其他人交朋友。尽管在不同的国家和地区，对于不同的社会阶层，满足这些需要的方式可能不同，或者说人们的欲望可能很多，但它们都来源于人们为数不多的几种需要。

需求是指愿意购买并且有能力购买某些具体产品的欲望。可见，人们具有购买能力时，他们对某些产品的占有欲望便转化为需求。很多人都想要有自己的汽车和豪华的住宅，但只有其中极少数人真正有能力购买它们，也就是说，需求只是人们各种各样欲望的一小部分。因此，市场营销的任务不在于估计有多少人需要企业的产品，而在于确定在何种程度上他们的欲望能转化为对本企业产品的需求。

营销者和企业虽然不能创造人类的需要，但可以通过自己的营销努力来影响人们生活的需求和水平。

（二）产品和交换

人们各种各样的欲望和需要只有通过某些具体满足物才得以实现，这种具体满足物就是产品。从广义上讲，任何能用以满足人类某种需要或欲望的东西都是产品。它既可以是自行车、电冰箱和手表等实体，也可以是各种无形产品，如旅馆、理发店或心理咨询诊所提供的各种服务。

产品可用来满足人们的欲望和需要，但人们怎样才能获得所需要的产品呢？哪种获得方式与市场概念有关呢？一般来说，人们可通过以下几种方式获得所需要的产品。

第一种方式是自行生产。饿汉可以通过打猎、捕鱼或采集野果来消除饥饿感。在这种情况下，他不必与其他任何人产生联系。

第二种方式是强制取得。饿汉可以从其他人那里夺取食物。对其他人来说，这不仅没有任何益处，还可能被伤害。

第三种方式是乞讨。饿汉可以向别人乞讨食物。在这种情况下，乞讨者没有拿出任何有形的东西作为回报。

第四种方式是交换。饿汉利用钱或其他物品，或某些服务从一个拥有食物的人手中换取食物。

确切地说，交换就是某些个人或组织通过提供某种物品或服务行为作为回报，从其他人或另一组织那里取得所要的东西的行为。一般来说，交换的发生需要符合以下几个条件。

（1）至少要有两方。

（2）每一方都有被对方认为有价值的东西并且双方都认为互相交换是有益的。

（3）每一方都能沟通信息和传送货物。

（4）每一方都可以自由接受或拒绝对方的产品。

正是第4种产品获得方式即交换，构成了市场活动的基础，而前3种方式则与所要研究的市场活动无关。

现在，可以给市场下一个定义：市场是由那些具有特定的需要或欲望，而且愿意并能够通过交换来满足这种需要或欲望的全部现实的和潜在的顾客所构成。简单地说，一个市场就是具有购买欲望和购买力的人数，他们愿意通过交换来满足自身的需要。

必须说明，上述市场的定义是站在营销管理人员的角度上来看的，从经济学意义上说，市场则是卖主和买主的集合，或者说是出售某项产品或劳务的所有出售者和购买该产品及劳务的所有现实和潜在的购买者的集合。显然，所有卖主的集合构成通常所说的行业，而所有买主的集合则成为它们的用户（或市场）。

二、市场营销的含义

从广义上说，凡是与市场有关的人类活动都可以称为市场营销，它涉及的范围非常广泛，但本书所讨论的市场营销则主要考虑与产品和服务市场有关的企业活动。

在商品交换过程中，如果一方比另一方更主动，更积极地寻求交换，就可以把前者称为营销者，后者称为潜在顾客。不过，当个人和企业进行某种商品交换，尤其是以个人倾向来购买企业提供的产品或服务时，通常总是把企业及其代理人称为营销者，把个人称为顾客，不管哪一方先寻求交换；在另外一些情况下，如果两个企业或两个个人都在积极地寻求交换，那么双方都可以称为营销者，并称这种情况为相互营销。

综上所述，营销是指个人或组织通过生产和制造并同别人或其他组织交换产品和服务，以获得其所需所欲之物的一种社会过程。

产品和服务的多样性以及交换过程涉及众多因素的事实决定了处理交换事务时需要一定的技巧。现代商品交换活动的范围无论从品种上还是流通的地理区域上与过去相比都有了很大的扩增，很多商品已不可能简单地面对面地进行交换。从资源的获得，到加工和制造，再将产品通过市场与他人或其他组织进行交换，中间需要经过很多过程，其中从事营销活动的有关人员有市场调查和预测人员、广告设计者、推销人员、销售代表和经理等。如何通过分析、计划和控制来达到有效交换的目的是营销管理的任务。菲利普·科特勒认为，营销管理的任务是按照某种帮助企业达到其营销目标的方式来影响需求的水平、时机和构成。在整个营销管理过程中，营销管理人员必须进行有关目标市场、产品设计和开发、价格、销售渠道和促进销售等方面的决策以实现企业的营销目标。

三、市场营销的内容

企业在竞争激烈的市场中得以生存与发展的前提就是企业的产品能顺利地转移到顾客手中，从而使企业的劳动成果得到社会的承认。在这一过程中，顾客的需求得到满足的同时，企业也可以获得一定的利润，这就是企业管理追求的目标。

市场营销是指商品或劳务从生产者流向消费者或顾客的商业活动的管理过程。所以，营销管理是现代企业管理不可缺少的重要的组成部分。

（一）市场营销的产生与发展

营销活动是 19 世纪末 20 世纪初，在资本主义经济迅速发展和市场矛盾日益尖锐的过程中形成和发展起来的。

在商品经济和工业不发达的时期，社会商品供不应求，企业只要能生产出产品，销路没有问题。企业管理的首要问题是增加生产的数量，降低产品成本。20世纪初，随着弗雷德里克·泰勒《科学管理原理》的出版，企业管理有了重大发展，生产效率大大提高。在这种情况下，少数有远见的企业家和经营管理者开始重视推销产品、刺激需求。与此同时，一些经济学者也注意到这一新形势，着手从理论上研究产品销售。美国哈佛大学的赫杰特齐教授通过走访大企业主，了解他们如何进行销售活动，并于1912年写出了第一本以"市场营销学"命名的教科书。这标志着营销作为一门独立学科的诞生，但是该书的内容和现代营销的原理、概念并不相同，其实质是分配学和广告学。

从20世纪30年代到第二次世界大战结束，在这一段时期内，资本主义经济迅猛发展，生产效率大大提高，社会商品供大于求，企业销售产品十分困难。企业主于万般无奈之下，走进大学和研究机构，求助经济学者解决企业面临的销售困境。自此市场营销的理论得以应用并受到普遍重视。但此时的市场营销仍局限于研究产品推销术和广告术，以及产品推销的组织机构和推销策略。

第二次世界大战结束后，由于一些主要资本主义国家的军事工业转入民用工业，计算机等新技术手段也有了重大突破，社会劳动生产率达到了空前的高度，然而市场供求矛盾却更加尖锐，企业原有的推销术和广告术已不能解决企业产品销售的问题。这就对市场营销提出了新的课题，促使企业通过调查市场和用户的需求，按市场和用户的要求来设计产品并组织生产，其内容包含生产者和消费者之间实现商品或劳务交换的任何活动。

（二）市场营销的具体内容

市场营销的内容包括以下5个方面。

1. 市场营销调查

市场营销调查的目的是给市场营销决策者及时而准确地提供有关情报资料，以便做出有效的决策。其具体包括以下几点。

（1）市场方面的资料。市场方面的资料是企业最重要的资料，这是确定市场需求以及提供满足需求的产品和服务的关键。市场资料包括市场的真正需求，具有需求的顾客是哪些人或企业，这些顾客的购买力大小、需求量的多少，等等。

（2）有关外界环境的资料。企业生存在一定环境中，影响企业市场营销决策的有关外界环境的资料是十分重要的，如经济形势、政府、文化、技术以及竞争状况等。

（3）有关市场营销的其他资料，如企业广告的效果、产品销售渠道的有效性以及销售人员的工作绩效等。

2. 产品决策

产品决策的主要任务是开发市场需求的产品或提供市场需求的服务，包括新产品和服务开发的管理，拟定在产品寿命周期全过程中的营销计划以及最终对产品的淘汰管理。具体的产品决策通常包括：产品的特性，如尺寸、重量、材质、颜色、寿命；产品的品牌和包装、销售服务、规格及花色品种等内容。

3. 价格决策

合适的价格是销售顺利进行的重要因素之一。价格决策通常包括确定定价目标、定价方法，确定新产品的定价策略以及如何对价格进行调整等。

4. 促销决策

促销就是促进销售，通常包括广告、人员推销、营业推广和宣传等内容。

5. 分销决策

分销决策主要包括选择销售渠道和进行实体分配。它包括是否采用中间商，采用哪种中间商，评价中间商的效果，怎样最快、最有效地把产品或服务提供给所需顾客。

四、市场营销观念的核心内容

企业开展市场营销活动，必须具备市场营销观念，将其作为一种重要的企业观念，用来指导企业的决策。

传统的企业观念以生产为导向，强调生产量的扩大，以产定销，企业生产什么就卖什么。而市场营销观念则主张，企业实现最大利润目标的关键在于以市场需求为中心，有计划地组织企业的整体营销活动，满足顾客要求，强调以市场为导向，以需定产，需求什么就生产什么。具体来说，市场营销观念包括以下几方面核心内容。

（一）顾客导向

首先，企业必须从上到下承认并接受"顾客至上""尊重顾客"的观念，并认识到顾客需求的满足与企业利润的实现是一致的。其次，企业要全面开展市场调研活动，真正做到了解市场，了解顾客，了解需求。最后，真正做到按需生产，按需销售。

（二）不断创新

要贯彻市场营销观念，必须具备创新意识并付诸行动。一个企业的一种产品能满足市场需求，是相对一定时间而言的，因为随着时间的推移，市场需求在不断变化、发展，竞争者会不断出现，市场上新品种也会不断增多。因此，企业只有不断创新，才能在市场竞争中立于不败之地。

（三）扬长避短

扬长避短是指企业要善于发挥自身优势，生产自己所擅长的市场需求的产品。因此，企业在市场上必须做到知己知彼，善于找出自己的比较优势和比较劣势，就实避虚，扬长避短，使自己的产品更具有特色。

（四）整体营销

整体营销包含 3 层内容：营销活动整体性、营销组合整体性、营销主体整体性。

营销活动包括产前、产中、产后和销后的各种相关活动。开展这些活动时，都要以市场需求为中心，使之相互协调与配合。

营销组合是指对产品、价格、销售渠道和促销宣传的综合运用。企业必须针对顾客需求合理设计产品、确定价格，正确选择销售渠道和促销方式，并使之相互协调，构成一个有机的整体。

营销主体是指开展营销活动的企业。其各部门必须以市场营销部门为中心，统一协调地开展工作，使企业的市场营销活动真正符合市场需求。

（五）讲究社会效益

从一定意义上说，市场需求仅仅是顾客的一种短期需求，而社会效益则是顾客的长期需求。在一定时期内，若市场需求的满足以牺牲社会效益为代价，如污染环境、生产劣质产品等，企业终将受到社会的谴责，从而不利于企业目标的实现。因此，企业贯彻市场营销观念，并不排除重视社会效益。

第二节　市场调查和预测

市场营销活动始于市场调研，市场调研包括市场调查和市场预测两方面，它是企业选择目标市场的前提，也是其他一切营销决策的前提。

一、市场调查

市场调查是指企业有计划、有组织地搜集市场资料的过程。

（一）市场资料的种类

从不同角度划分，市场资料具有不同类别。从市场资料的来源划分，市场资料包括企业内部资料和企业外部资料两种。企业内部资料包括人、财、物的总量及其构成情况，其主要有以下几个方面。

（1）顾客方面资料，如订单统计、发票资料中显示的顾客名称和地址、订货日期、订货项目、订货量、价格、付款条件、送货方式等。

（2）成本方面资料，包括企业各类费用构成及各种产品费用构成情况。

（3）盈利方面资料，包括企业各类产品的盈利构成及变化情况。

（4）库存方面资料，指原材料、半成品、成品的库存状况。

（5）其他方面资料，如企业各部门预算资料，应收、应付款资料，各部门活动报告、设备使用率、设备完好率、产品检查资料等。

企业外部资料包括以下几个方面。

（1）国家有关部门的统计资料，如人口、收入、产业、企业等方面的统计资料。

（2）国家有关机构的研究、预测资料，如对消费需求预测、对支出结构发展趋势研究等。

（3）企业通过实地了解所得到的消费者、工业用户、经销商、市场营销服务机构、产品价格、竞争者等方面的资料。

按市场资料收集方式划分，市场资料包括一手资料和二手资料。一手资料是指企业经实地搜集，通过自己的分析、整理、研究所得到的资料，如消费者、企业用户、供应者经销商、竞争者、广告机构、各类公众等方面的资料。二手资料又称次级资料、现成资料，是他人经过实地搜集、记录、整理、分析所得出的各种统计资料或研究预测资料，如企业内部现成资料、国家有关部门和研究机构所提供的资料大都属于此类，它可在短时间内用低代价获得，并可拿来直接供决策者参考。

从搜集资料的对象划分，市场资料包括以下几种资料。

（1）人口资料，包括人口总量、增长速度、年龄分布、地区分布、人口流动、家庭规模等方面的统计资料。

（2）收入支出资料，包括收入总量、收入分配、人均收入、收入增长速度、收入阶层分布、支出和储蓄比例、支出与投资的比例、支出结构等。

（3）政策法规资料，包括直接或间接影响企业营销活动的各类政策和法规。

（4）行业资料，包括本行业的销售总量、产品种类、企业数量及其市场份额。

（5）消费者资料，包括消费者现实购买行为资料、未来意图资料、产品知识资料、购买动机资料、对产品的态度意见资料，以及社会经济统计方面的资料。

（6）工业用户资料，包括工业用户的现时购买数量、品种、要求、未来购买计划、对产品的了解程度、对产品的态度和意见等方面的资料。

（7）经销商资料，包括可供企业选择的经销商数量，各类经销商的经营规模、品种、效益、管理、声誉、价格等方面的资料。

（8）供应者资料，包括各类供应者的供应品种、质量、规模、信用、声誉、价格等方面的资料。

（9）竞争者资料，包括同类生产厂家的经营品种、销售情况、价格、销售渠道、促销宣传方面的政策等情况。

（10）其他方面资料，包括企业可利用的市场调研组织、广告公司、媒介组织、各类企业公众等方面的情况。

（二）市场调查的方法

二手资料的收集非常简单，在此所讲的市场调查方法是指针对一手资料的搜集方法。

1.抽样调查

企业开展市场调查，不可能采取普查的方法，只能采取抽样调查的方法。其具体形式包括随机抽样和非随机抽样两大类。

（1）随机抽样法，即所调查的团体中的每一个个体都有同等机会被抽取，且样本统计测定值的误差可用概率法则来计算，故又称之为概率抽样法。它包括以下3种。

①简单随机抽样，即从需要调查的团体中任意抽取若干个体为样本，其中任意一个可能出现的样本被抽取的机会都是均等的。例如，抽签法和乱数表法，也称随机号码表法，都是将所有团体中的个体进行编号后，从中任意抽取号码。

②分层随机抽样，即先将被调查的团体按一定的标准划分为若干组或层，然后对每一层（组）根据所需样本数随机抽取。

③分群随机抽样，若团体中的个体之间异质性高、难度大，无法按一定的标准直接分组或分层，则可依据区域、时间等因素先将团体中的个体划分为几大群体，然后依次进行分层或分组抽样和简单随机抽样。

（2）非随机抽样法，即从团体中按照某一"意愿"抽取一些个体作为样本进行调查，团体中每个个体被抽取的机会是受到一定限制的，其样本统计测定值的误差也不能用概率法则计算，故又称非概率抽样法。其包括如下4类。

①系统抽样，又称等距抽样，即将团体中的个体按大小顺序编号，并按一定间距抽取所需样本，间隔距离由团体总数除以规定抽取样本的总数而定。其性质介于随机抽样和非随机抽样之间，具体要看第一个样本如何抽取而定。若第一个样本是有意抽取的，即属于非随机抽样；若第一个样本是随机抽取的，即属于随机抽样。

②任意抽样，又称方便抽样，它以调查者的方便情况来选取样本，如街头调查、商店门前调查等。

③判断抽样，又称目的抽样、计划抽样、立意抽样，它是根据调查人员的主观判断抽取一定的具有代表性的样本作为调查对象。具有代表性的样本是指团体中的"多数型""中等型""平均型"的个体。

④配额抽样，是分层抽样与判断抽样的组合，先将团体按一定标准分层，并对各层配予一定抽样数目，然后根据调查人员的经验判断抽取各层所规定的样本数。

2. 资料搜集的方法

市场资料搜集的方法主要有以下几种。

（1）访问法。访问法是市场调查中最常用的一种方法。根据与调查对象见面与否，可分为直接访问和间接访问两种，一般采用间接访问较多。直接访问即企业调查人员直接与被调查者面谈，包括外出访问和请进来面谈两种；间接访问即利用各种通信工具和问卷进行访问调查，包括电话调查、邮寄问卷调查、派人送取问卷调查等。

（2）观察法。观察法是指由调查人员或运用摄像机等工具在现场进行观察、写实、记录所需信息、资料。从观察的地点看，观察法又可分为柜台观察法与产品使用现场观察法两种。柜台观察法，即调查人员在销售企业产品的场所，从侧而观察、听取和记录顾客对自己的产品或对其他企业同类产品的选择和评价情况。产品使用现场观察法是调查人员到用户使用产品的现场进行详细观察，进行记录和分析，从中获取所需信息和资料。

（3）实验法。实验法包括产品试销和实验室实验两种方法。产品试销，即通过小规模的销售活动测验某种产品或某种销售措施的效果。实验室实验，即针对某种销售措施采用某种设备仪器测试被调查者的反应情况，例如，邀请几位被调查者观看一种新的广告样片。有时调查过程中同时采用某种仪器测试其瞳孔放大情况、脉搏跳动情况等方面的变化。

（4）统计分析法。统计分析法指利用企业内部和外部的二手资料或实地搜集到的一手资料来分析市场需求或企业销售量的变化规律和发展趋势,如趋势分析、相关分析、回归分析等。

以上所介绍的各种抽样调查法和搜集资料的方法各具优缺点。在实际应用时,它们并不是相互排斥的。针对不同的调查项目,可以采取不同的调查方法。在许多情况下,相结合或交替使用可以收到更好的效果。

(三)市场调查的程序

市场调查的涉及面非常广泛,但无论何种调查项目,均须经过拟定计划阶段、搜集资料阶段、整理资料与提出报告阶段。具体包括如下9个步骤。

(1)调查目的及范围的确定。调查目的,即通过调查要解决什么问题。调查范围是指为达到某一调查目的需要确定哪些调查项目和搜集哪些市场资料。这是调查计划的首要内容。

(2)决定搜集资料的方法。决定搜集资料的方法即针对调查项目,决定使用访问法、观察法还是实验法,搜集所需要的市场资料。

(3)设计调查问卷。设计调查问卷即针对调查项目和所选取的访问方法,科学组织所要提问的问题,并确定提问方式。

(4)选取样本。所采用的抽样方法应力求使所选取的样本具有代表性,从而减少调查结果的误差。

(5)选择调查人员。调查人员应进行必要的事先训练。

(6)确定调查进度和费用:根据调查任务和调查人数,事先确定调查程序、时间安排、费用分配等事项,以便使整个调查活动快速有效地进行。

(7)实际进行调查。各项调查计划准备完成之后,即开始实际进行搜集资料的工作。在此阶段,企业管理者的工作重点是对调查人员进行监督和管理。

(8)资料整理分析。对调查者所获资料进行整理分析,主要包括:第一,编辑发现与剔除调查资料中的错误部分。第二,编号。用数字符号代表资料,使资料易于编入适当的类别。第三,制表。将已分类的资料,从不同角度制成各种统计表,以便分析和利用。第四,分析与解释。因绝大多数资料均取自样本,故样本的可靠性必须测算出来,以便分析与解释样本平均数与团体平均数之间的差异,并找出这类差异的原因。

(9)编写调查报告。①编写报告原则:一是切记调查目标,并在资料整理分析和编写报告过程中随时掌握。二是报告内容要简明扼要,重点突出。三是报告文字简洁中肯,用字避免晦涩。四是报告内容力求客观。五是报告内容应加以组织,在短时间内给读者留下深刻印象。六是应具有报告的形式与结构。②报告的结构,市场调查报告通常分为三大部分：导言、报告主体、附件。美国市场营销协会曾为典型的市场调查报告拟定了标准大纲，其内容大致为：第一，导言。包括标题扉页、前言、报告的根据、研究的目的与范围、适用方法、致谢词。第二，报告主体。包括详细的调查目的叙述、详细的方法应用解释、调查结果的描述解释、调查结果的分析与结论，以及相关建议。第三，附件。包括样本分配、图表、附录。

二、市场预测

（一）直观法

直观法又称判断法，是凭借预测者的直觉、经验和智慧，以及综合分析能力对事物未来发展趋势进行推断预测的一种方法。

1.综合判断法

当企业预测市场对某类产品未来的需求时，可召集企业内外各类人员开会分析、研究座谈会，进行销售预测，最后由市场预测人员对每一预测值进行算术平均或加权平均，从而得到最终预测值。

2.专家意见法

专家意见法又称德尔菲法，指企业通过通信方式，分别向有关专家提供相同的背景资料，并征求其意见，得到回复后进行汇总整理，将分析结果再次寄回给各位专家，征求其各自意见。如此多次反复，直到预测意见趋向一致。采用德尔菲法的一般步骤如下：

第一，选定专家小组。专家组的人数多少视预测规模而定。人数太少，限制了代表性，不能集思广益，会影响应答分析；人数过多，不易组织和联络，结果处理也比较复杂，而且会增加预测费用。选择专家所涉及的面越广越好，而且所选专家要有真才实学，精通业务，有客观预见能力，同时要考虑专家本人是否乐意和有充分时间来参与此项活动。另外，在预测过程中，不公布这些专家名单，自始至终不让专家彼此发生联系，使他们之间的交流都通过企业来间接进行。

第二，预测过程。通过匿名函询形式进行以下工作。第一轮，由企业向各位专家寄去预测主题调查表和有关背景材料，并提出要进行预测的具体目标，任凭专家以各种形式回答问题和提出自己的见解，不带任何条条框框，收到专家的回答后，企业对其进行综合整理。第二轮，将第一轮汇总的意见及企业对预测项目的要求和意见再反馈给各位专家，请其提出具体意见，必要时还可进一步提供背景资料。对于持不同意见、分歧较大的专家，请他们充分陈述理由。企业收到专家答复后再次进行汇总、整理，并将处理结果再次反馈给专家。第三轮，专家得到反馈意见，根据提供的全部预测资料对企业提出的综合意见进行评价，并经过思考重新修正原来各自的预测值，做出最后预测。总之，最后的预测结果与专家的意见必须协调一致。如有突出分歧意见，还可反复进行函询直到企业满意为止。所以，函询的次数应灵活掌握。

第三，专家意见的统计分析。若企业认为最后一轮专家的意见基本上趋于稳定，就可对其进行综合分析，归纳并做出最后判断，对预测事件主观概率的处理一般用加权平均法来计算平均值。

（二）定量预测方法

定量预测方法是根据企业历史上的统计资料，运用一定的数学模型，对未来市场需求的发展趋势进行定量分析的一种方法。定量预测方法是对事物之间的连贯性和相关性原理的具体运用，从而形成了预测方法的两大类型：时间序列法和回归分析法。

1. 时间序列法

时间序列法又称外推法，是以历史统计资料为基础，运用一定的数学方法，依时间参数向外延伸，以预测未来市场需求的变化趋势。一般包括简单平均法、加权平均法、移动平均法、指数平滑法等。

2. 回归分析法

回归分析法是利用事物发展变化的因果关系进行观测的一种方法。若处理一个自变量同另一个因变量之间的线性相关关系，叫作一元线性回归分析；若处理两个自变量同一个因变量之间的线性相关关系，称为二元线性回归分析。

第三节　市场细分化

一、市场的分类

市场类别不同，顾客的购买行为不同，企业的市场营销策略和方法也有很大差别。因此，准确区分和识别不同类型的市场是营销管理人员的首要任务。

市场可从不同角度加以划分，如从地域上划分，可以分为国内市场、国际市场和地区市场；从流通环节加以划分，可以分为批发市场和零售市场；从顾客的年龄划分，可以分为老年人市场和妇女儿童市场等；从产品和服务的特征及所在行业划分，可以分为金融市场、技术市场、房地产市场、文化市场和物质产品市场。在物质产品市场中，可以根据产品的消费对象和企业提供产品的方式，把市场进一步分为消费品市场、生产资料市场、政府市场和服务市场。本节主要讨论消费品市场、生产资料市场和服务市场，而对政府市场只做简要介绍。

（一）消费品市场

消费品市场是由为个人消费而交换商品或劳务的全部个人或家庭构成，它是最终产品的交换。下面逐一讨论消费品市场的主要特点、消费品的分类和影响消费者购买行为的主要因素等。

1. 消费品市场的特点

（1）消费者人数多。

（2）消费者购买多属小型购买。

（3）消费者购买的频率大。

（4）消费者购买属非专家购买。

（5）消费者购买行为变化快。

2. 消费品的分类

消费品的种类很多，根据产品的价格和消费习惯把消费品分为 4 类：日用品、选购品、特殊品、奢侈品。

3. 影响消费者购买行为的主要因素

当你走进一家百货商场或某些专营商店可能发现一些顾客对某种产品爱不释手或赞不绝口，而另一些顾客却对其不屑一顾，不同的顾客为什么会对同一产品表现出如此大的差异呢？除购买力及所处地理位置不同，一个顾客的购买行为还受其年龄、性别、家庭、职业、生活方式和文化价值观念等多种因素的影响，研究这些影响有助于营销管理人员根据消费者的不同特征制定相应的营销策略。

4. 消费者的购买模式

消费者的购买模式主要是指他们在何时、何处、由何人做出购买决定以及如何购买等。研究这些问题有助于商品经营者制定合适的销售计划和促销策略，尽可能用最低的成本来促进商品的销售，满足消费者的需求。

研究消费者何处购买实际上要解决两个问题：一是他们在何处做出购买决定；二是他们在何处实际参与购买。一般来说，对于特殊品消费者往往在家中做决定，然后再去商场寻求已选好的品牌、规格和商标；而对于日用品消费者往往在现场做决定。

因此，营销管理人员应根据这两种情况采取不同的广告和促销策略，如消费者在现场做决定时较多地受包装、商标和陈列的影响；而当消费者在家中做出购买决定时，则主要受报纸和电视中广告的影响。

除了以上时间和地点因素，谁担任购买主体，尤其是家庭购买决定者也与营销活动有密切的关系，这决定了诸如用何种手段影响消费者及广告等媒体的具体设计等。家庭购买决定者可以有如下 3 种形式：第一种是各自为政式，即丈夫和妻子在各自的领域内作主，一般丈夫是人身保险、汽车等商品的购买决定者，而妻子则有权决定是否购买洗衣机、地毯和房屋用具。第二种是由丈夫或妻子单方面做出购买决定，即所谓专制型家庭，如在我国比较偏僻的山村或在一些民族内，丈夫往往是家庭事务的主要决策者。第三种是双方协商式，如大城市居民、文化层次较高的知识分子家庭往往采用这种方式，尤其是对诸如卧室家具、度假和住宅等一些商品或服务的需求。

5. 消费流行

消费流行是指在一定时间或一定区域内所产生的对某种商品或服务需求的迅速膨胀，它是消费者普遍心理共鸣的反映。消费流行的最主要特征就是对某种商品或服务的需求很大，并且集中在一定时期或区域内发生，同时这种需求具有不重复性，或者再次在同一地区流行的间隔期很长。

消费流行按其性质或对社会进步的作用可以分为两类：第一类为进步的流行，即反映消费求新、求实、求美的共同心理，体现时代的新特点或人们新的精神风貌，如北京市为迎接 2008 年奥运会所兴起的"走向世界"的共同理念；第二类为不健康的流行，往往体现一些人空虚、颓废的心理以及低级无聊的追求。

消费流行受很多因素的影响，其中经济因素、文艺宣传和人口素质是比较重要的影响因素。有些比较贵重的商品或劳务能否得以在某一地区流行主要取决于当地消费者的购买水平，即经济条件，如目前在大城市流行的自动洗衣机、空调和组合音响等都是收入水平提高的表现；同样，这些商品之所以还没有在农村流行也是由经济因素决定的。没有一定的经济基础和社会购买力水平，尽管很多人在观念上已经接受了某种产品或服务，但仍不能引起消费流行。确切地掌握消费流行的范围、时限和速度对于企业制定合适的营销策略和控制产量是十分重要的。营销管理人员只有对消费流行的特点有充分的认识，才能在适当的时间和地域推出合适数量的产品或服务，不至于浪费大量的人力、物力和资源。

（二）生产资料市场

生产资料市场与消费品市场的主要区别在于流通的作用和形式不同。生产资料的流通主要是为了满足生产的消费，而消费品流通则主要是为了满足人们的生活消费。

从形式上看，生产资料进入市场以后，通过交换转移到另一个生产单位当作物质要素被消耗，然后生产出新的产品，从而完成生产资料的再生产过程；而消费品则通过交换转移到消费者手中，通过生活消费，创造出人类的劳动能力，从而完成消费品的再生产过程。

生产资料商品可按在产品形成中的地位和作用分为主要设备、附属设备、原料、半成品、零件和供应品等，它们在生产环节中的作用和需要的营销策略各有不同，企业营销人员必须加以充分注意。关于生产资料的分类和特点，读者可参阅其他有关书籍。

1.生产资料需求的特点

生产资料需求属于引申需求。对生产资料的需求最终来源于对消费品的需求，或者说，生产资料的需求者因消费品的需求者而存在。随着消费品需求的减少，用来生产这些消费品的生产资料的需求也将相应减少，如汽车等机械制品需求量的变化将导致对钢材需要量的变化，因此生产资料的生产企业有必要注意到有关消费品市场的需求变化。

生产资料需求属于无弹性需求或弹性很小需求。所谓需求无弹性或弹性很小，是指价格变化时需求量没有很大变化，生产资料需求量主要取决于生产规模，生产资料的需求量并不会因为某种产品或原料的价格上涨或下跌而大量减少或增加。当然，这并不意味着企业不可以根据价格变化和市场行情采取一定的购买策略，如储存或抛售某些生产资料。

2.生产资料的购买模式

（1）购买的次数少。生产资料需求的特点决定了其一次购买的数量较大，其购买次数明显少于消费品的购买次数，其中一些大型骨干设备若干年或更长时间才购买一次，某些原材料或物料也是一年只购买一次或数次。

（2）购买者在地理区域上比较集中。很多工业企业集中在沿海和其他工业发达地区；有些产业在我国有明显的地域性，如制糖业主要集中在两广地区，煤炭、森林和钢铁的主要生产基地是东北和山西等。某些产业的地域性集中分布有助于降低产品的销售成本和运输成本，应引起工业品营销者的足够重视。

（3）生产资料的购买属于专家购买。与消费品需求相比，生产资料需求者一般都具备一定的产品知识，因而对产品的可靠性、耐用性和适用性有更高的要求。一般是由受过专门训练的采购人员来购买生产资料，他们往往能正确地选择竞争品、代用品及其供应商,因此生产资料生产企业的营销管理人员必须懂得产品的性能或相关业务，对于较重要的大型设备或技术性很强的产品，应多采用人员推销和提供相应的服务，如提供安装、维修和培训操作人员等。

（4）购买的形式多样。生产资料商品除通过中间商购买，还常采用直接购买或互相购买方式。所谓直接购买，就是购买者直接从生产厂商那里购买，而不经过中间商环节，尤其是对那些技术性复杂和贵重的商品更是如此。互购则是指生产资料购买者经常选择那些也从自己这里购物的供应商。

（5）根据商品的目录购买。生产资料购买的一种常用方法就是按产品目录购买。因为生产资料，尤其是某些设备常常涉及性能、规格和用途等，购买者事前必须对此有充分的了解。因此，生产企业需要编好产品目录、详细说明书、规格等，以便购买者查阅并做出购买决定。

（三）政府市场

政府市场是由为执行行政、监督和联系等职能而采购或租用商品的各级政府、社会团体和事业单位所组成。在我国，政府采购是社会集团购买的主要部分，所涉及的商品或服务范围非常广，从生活日用品到汽车，从易损耗的物品到价值巨大的固定设备，都属于政府采购的范围。这些商品有的用于公共教育和国防，有的用于医疗保险和自然资源开发。因此可以认为，政府市场对任何企业都是一个巨大的市场。

（四）服务市场

1.服务市场的概念

服务市场是指以提供和消费劳务来满足顾客需要的市场。与商品市场不同，服务市场不涉及商品的转移，或商品转移居于不重要的地位。在日常生活中人们既有对商品的需求，如对衣服、冰箱的需求，也有对劳务的需求，如对交通服务、信息咨询的需求等。换句话说，商品需求是以一定的实物产品来满足人们的某种需要，而劳务需求则是通过无形的服务来满足人们生产和生活的需要。服务市场的本质是劳务的经营。劳务之所以能成为商品，是因为它同其他商品一样具有一定的使用价值，能够满足人们的某种需要。两者的区别在于一个是劳动的凝结物，而另一个是劳动本身，当人们的生活需要和劳务发生联系时，仍然要遵循等价交换的原则，于是便产生了服务市场。

2.服务市场的范围

服务市场包括的范围很广，门类很多，主要包括以下几类。

（1）金融服务业，如银行、证券机构、信托和保险等。

（2）公用事业与交通服务业，如供水、供气、供电、电话以及陆、海、空运输等。

（3）个人服务，如理发、照相、修补、旅游、医疗、音乐、文艺等。

（4）信息服务，如提供技术信息、业务咨询以及顾问活动等。

（5）企业服务，如广告业务、专题论证、可行性分析和设备租赁等。

（6）各种修理服务和其他专业性或特殊性的服务行业。

3.服务市场的特点

由于服务市场中劳务这种产品的特殊性，所以服务市场具有同其他市场不同的特点。

（1）服务的直接性。服务的直接性是指劳务通常并不与执行人员分离，它的生产、销售与消费过程紧密相连，如理发师一面理发，一面同时出售其劳务。与此同时，理发者也完成了消费过程。一般来说，服务不能由中间商代理，直接销售是唯一分配途径。

（2）服务的不可触知性。由于顾客在购买劳务前不可能接触劳务，即顾客和服务的不可分割性决定了顾客在享受某种服务之前不可能了解该项服务的功能和效果。因此，对服务的广告宣传应强调其给人们带来的利益，而不是宣传服务本身。

（3）服务的差异性大。由于劳务服务的机械化和自动化程度低，以手工劳动为主，因而服务不像商品那样容易实现生产的标准化和质量的均一，并且受地理区域和文化习惯的影响较大。

（4）需求的不稳定性。服务需求具有明显的不稳定性，即需要量时高时低，同时服务具有不可储藏性，如旅馆中的空房间、理发馆的空座位等均可给服务业造成损失。

4.影响服务需求的主要因素

（1）物质文化水平和购买力的高低。一般来说，随着人们物质文化生活水平和购买力的提高，对服务品种的数量和质量的要求也会随之提高。例如，随着经济的发展和物质生活的繁荣，人们对文化娱乐、家庭服务、旅游的需求越来越多，同时对它们的质量要求也越来越高。

（2）社会劳动就业的程度。一般来说，社会劳动就业程度的提高会导致服务需求的扩大，如妇女就业人数的增加会直接刺激家庭服务需求的增长。

（3）社会商品供需关系的变化。服务市场的大小不仅与人们的生活水平和劳动就业程度有关，还受市场上商品的供应状况的影响，如市场上商品供不应求，就会导致修理业、洗染业等劳务需求量的上升。

二、市场细分化的概念及原则

（一）市场细分化的概念

无论一个企业是在消费品市场、生产资料市场还是政府市场开展营销活动，首先，必须注意到消费需求的异质性，即一般情况下，消费者的需要、购买动机和行为不可能完全相同，换句话说，不同的购买者常常需要不同形式、规格、质量和价格的产品。另外，任何一个企业，即使是一个规模很大、实力雄厚的企业，由于受资源和技术能力的限制，也不可能向市场提供能满足所有顾客需要的商品或劳务。总体来说，生产企业必须面对其所提供的产品或劳务有限，而顾客需求几乎无限的矛盾，解决问题的唯一办法就是对市场进行细分。

市场细分化是指根据顾客的不同特征和所需要的个别产品把整体市场分割为若干个消费者群，其中每个消费者群就是一个子市场。换句话说，每个子市场由需求相同的消费者所构成。

需要说明的是，市场细分化与一般的市场分类并不完全相同。虽然从本质上说，市场分类也是一种细分化，但它往往强调产品的特性，同时划分是粗线条的，而市场细分化则是从消费者的角度，按照他们的选择偏好来划分的。简言之，仅有市场分类还不能有效地选择目标市场，对某一类型的市场，如消费品市场或生产资料市场，还必须进一步细分。

（二）市场细分化的意义和原则

市场细分化是企业选择目标市场的基础，也是市场营销人员要研究的一个核心问题。可以认为，一个企业能否有效地开展营销活动，所提供的产品或服务是否具有竞争能力在很大程度上取决于其对市场细分的合理程度和有效性。概括来说，市场细分化有如下几方面的意义。

1. 有利于企业发现市场机会

某一时期在某一地域内的消费者对同一产品不可能同时都感到需要，营销管理人员的任务就是要了解哪些顾客需要自己的产品，其需求强度如何。通过市场细分，往往可以找到顾客未满足的需求，从而找到对企业有利的营销机会。

2. 有利于根据细分市场的特点选择适合企业资源和技术条件的目标市场

一般来说，相对于顾客需求的多样化，尤其是中小企业的人力、物力和财力都是有限的，往往难以在整个市场满足消费者的需要，若能细分出一个比较小的市场，则可以集中优势避免四面出击。

3. 可避免采用价格竞争

若企业在整个市场上开展营销活动和提供与竞争对手差异不大的产品，那么为了提高市场占有率，竞争对手在不利情况下，往往会采用价格竞争手段，这是对生产企业极为不利的竞争情形。如果企业能通过细分市场向顾客提供其他竞争对手不能提供的商品，则这一狭小的市场可能成为卖方市场，由此就可避免价格竞争并提高企业的竞争能力。

为了进行有效的市场细分，必须坚持以下原则。

（1）可衡量性。用来细分市场的消费者特性有明显的区别，同时体现这些特性的确切资料应该易于取得。但是做到这一点并不容易，例如，对同一种产品很难得知多少购买者首先考虑价格因素，多少购买者首先考虑商品的规格或式样，而这些数据又恰恰是有效细分市场所必需的数据。因此，营销管理人员必须进行详细的分析和认真的研究。

（2）可接受性。细分市场以后，其中一个或多个子市场应该是企业能够占领的市场，即在该子市场上企业能够通过有效的营销活动获得竞争优势，从而获得较高的经济效益。

（3）细分市场的规模和范围必须适当。一方面，企业要占领的子市场应有一定的规模和发展潜力，可给企业带来显著的效益；另一方面，这些子市场的范围又不能过大，以免因企业的资源和能力有限而设计不出满足顾客需求的独特产品，最终失去市场份额。总之，细分市场要使企业有利可图。

（三）市场细分化的标准

1.消费品市场的细分标准

细分市场并没有统一的标准，理论上凡是影响消费者需求的因素都可以成为市场细分的标准。但一般可按地理环境、人口统计、心理因素等来细分市场。

（1）地理环境。按地理环境细分市场就是某一国家、地区作为整体市场的一个子市场，因为这些区域的地理、气候、人口密度和经济状况等都可形成消费需求的差异。如在沿海城市，海风较大，且空气比较纯净，人们适于穿呢绒服装，而我国西北部风沙较大，就不宜穿呢绒服装等。

（2）人口统计。在大多数情况下，人口统计资料往往是细分市场的主要标准。人口统计细分是将市场按人口统计变量，如年龄、性别、民族、文化程度、职业、收入、家庭人数、宗教信仰、生活阶段以及国籍划分为不同的群体，某一群体中的成员往往较其他群体的成员有共同的偏好和需求。

（3）心理因素。在市场营销活动中，经常会遇到这样一种情况，即在人口因素和地理环境都相同的顾客当中，对同一商品或服务的偏好选择却截然不同，这主要是由心理因素引起的。

总之，心理因素是市场细分中比较难以把握的一个问题。消费者心理受很多因素的影响，同时往往被企业营销人员所忽略，为了有效地选择目标市场，必须对消费者心理进行仔细的研究。

2. 生产资料市场的细分标准

生产资料市场同样可以使用某些用于细分消费品市场的标准，如地理位置、使用数量和使用者状况等。但由于生产资料市场的细分对象是企业用户，所以还具有一些不同于消费者市场的特点，其购买行为受个人心理因素的影响较少一些。一般情况下，可按下述标准对生产资料市场进行细分。

（1）按最终用户的要求。有些用户购买商品是为了生产，还有一些用户是为了转售，因而他们对产品往往有不同的需求。

（2）按用户规模及购买力大小。按用户规模和购买力大小细分市场对生产企业非常重要，因为规模大的用户虽然户数少，但可能左右生产企业的经营活动。因此，生产者必须十分注意与这些大客户的关系，应考虑是否和这些用户签署长期合同。

（3）按用户的地理位置。生产资料购买者的地理位置常常是其重要的细分标准之一。如我国沿海地区和大城市工业比较发达和集中；而边疆和小城市工业则比较落后和分散，所以营销管理人员必须考虑不同地理位置上用户对产品数量、质量和价格的不同要求。此外，在一个国家或地区，往往形成若干工业区，如我国上海、江苏和浙江地区轻纺工业比较发达和集中；广东、广西地区制糖厂工业比较发达和集中；山西地区煤炭工业比较发达；而东北地区机械、煤炭和木材产业比较集中。上述特点有利于企业集中生产和销售力量满足主要用户的需要，也便于商品运输和节约流通费用。

（4）行业的特点。行业的特点对生产资料需求也有显著的影响，如精密机械行业对原材料的成分、质量和加工工艺往往有更高的要求；而农业机械对原材料等的要求则比较低，因此其价格也应低一些。

（四）市场细分的方法

通常采用以下 3 种方法对市场进行细分。

（1）单一变数法，是指只根据影响消费需求的某一因素进行细分。如可以根据年龄将儿童玩具市场分为 1~3 岁、3~5 岁、5~7 岁、7~10 岁、10~12 岁、12 岁以上等。

（2）综合变数法，是指按影响消费需求的两种及两种以上的元素进行综合划分，例如，可按年龄和性别将上述儿童玩具市场分为 12 个细分市场。

（3）系列变数法，是指尽可能多地列出影响消费需求的因素，然后由粗到细地进行系列划分。

以上 3 种细分方法各有利弊，究竟采用何种方法对市场进行细分既取决于产品特性，又取决于营销管理人员的经验和能力。单一变数法适用于市场比较简单的情况，便于抓住影响消费需求的最主要因素并且简单易行，其缺点是在营销管理人员经验不足的情况下难以奏效，可能忽略影响消费需求的主要因素。系列变数法综合考虑了各种因素对消费需求的影响，全面但比较繁杂。因此，营销人员必须具体情况具体分析，以便选择一个适合于特定产品的较好方法。

第四节　目标市场选择

目标市场是通过市场细分化，说明了企业面临的市场机会后，进一步对各个细分市场进行评价，以便选择符合企业发展战略同时与企业资源和竞争能力相适应的子市场，决定为哪些细分市场提供产品和采用怎样的营销策略。

一、目标市场的基本策略

在对市场细分和评价的基础上，企业可以选择对企业最具发展潜力的目标市场。一般来说，有以下 3 种策略可供选择。

（一）无差别市场策略

采用这种策略时企业面向所有的顾客，把整个市场作为一个单一的市场，即较多地关注顾客对某种商品需求的共同点，忽略可能存在的差异点，向整个市场大量生产、分配和促销某一产品。如美国可口可乐公司曾经向整个市场仅推出一种饮料。再如，早期我国第一汽车制造厂生产的解放牌汽车，基本是一种功率和颜色。此外，还有很多厂家有意无意地使用了无差别市场策略。

采用无差别市场策略有利于实行批量生产和达到规模经济，因而可以降低生产成本，同时由于一定时期内企业生产的品种比较单一，所以可以降低储存和销售费用。这种策略的缺点是只适用于本身差异性不大的产品，但是可能会遇到较多的竞争者，这是因为在较大市场上的产品容易引起竞争者的注意，此外，在一些较小的市场中，消费者的某些需求又往往得不到满足。

（二）差别市场策略

差别市场策略就是企业在两个及两个以上的细分市场中从事经营活动，根据每一子市场中顾客需求的特性设计和生产不同的产品，尽可能满足消费者不同层次的需求。例如，美国通用汽车公司，通过生产"凯迪拉克""别克""雪佛兰"等不同牌

47

子的轿车来满足不同消费者对汽车的特定要求。再如，我国苏州某指甲钳公司曾成功地采用差别市场策略在全国指甲钳滞销的情况下扩大了市场占有率。它把顾客分为儿童、老人、中青年等细分市场，分别采用不同的图案，如为儿童设计的图案为"庆祝六一"等图案，为老人设计的是山水花卉等图案。

差别市场策略是比无差别市场策略更广泛使用的一种目标市场策略，它能以产品品种、规格和价格的多标准化满足更多顾客的需求，能大幅度增加企业的营业额。但采用这种策略需要增加生产成本和营销费用（如研究开发费用）、因小批量生产所增加的成本费用、为占领不同细分市场而采用不同广告宣传所增加的促销费用以及较高的存货费用等。

（三）密集性市场策略

密集性市场策略和前两种市场策略有所不同，无差别市场策略以整体市场作为目标市场，只生产单一产品；差异市场策略虽对市场进行细分，但企业是在两个及两个以上的细分市场上从事经营活动，仍追求最大的市场面；而密集性市场策略则是将目标集中在特定较小的市场上，实行专业化生产和经营，以求在狭小的市场上占有绝对优势和拥有较大的份额。如一家橡胶厂只生产用于农村运输的畜力车轮胎而不生产其他橡胶制品。

由于采用密集性市场策略的企业多为实施专业化生产，因而生产成本和营销费用都可明显降低。另外，由于采用此种策略时企业的目标市场往往是竞争对手没有注意到的一些消费者群，所以企业与顾客讨价还价的能力增强，通过密集性市场策略，企业可以提升知名度并为采用前两种策略奠定一定的基础。

二、选择目标市场策略的依据

上述 3 种目标市场策略各有利弊，在实践过程中企业要根据具体情况综合分析产品、市场、竞争对手以及企业本身的资源条件进行选择。

（一）企业的资源条件

如果企业资源充足，实力雄厚，那么可以采用无差别市场策略，因为实力强的企业可以通过购买先进设备或采用新工艺降低成本，生产优质产品；而实力较弱的企业则不宜把整个市场作为自己的经营范围，最好采用密集性市场策略。

（二）产品的类似性

对具有类似性或者消费者对差异性不予重视或难以区分的产品，适合于采用无差异市场策略，如食盐、煤炭和大米等；而像洗衣机、冰箱等产品，顾客对其外观和功能有明显不同的要求，因而应采用差异性市场策略。

（三）市场的类似性

如果对某类商品，消费者的爱好和购买习惯比较接近，可采用无差异市场策略，反之则宜采用差别市场策略或密集性市场策略。

（四）产品在寿命周期中所处的阶段

当产品处于投入期或成长期时，企业可选择无差别市场策略扩大市场面和争取潜在顾客；而产品已进入成熟期或饱和期时，则可通过差别市场策略延长产品的市场寿命周期。

（五）竞争对手的市场策略

如果竞争对手实力较强并且采用无差别市场策略，则宜采用差别市场策略或密集性市场策略与之在较小的市场中竞争。若企业自己的实力优于对手，可根据具体情况选择 3 种策略中的一种或组合策略。

第五节　产品与产品组合策略

一、产品与产品寿命周期

在客观地分析消费需求和选择目标市场以后，企业必须考虑生产什么样的产品以满足顾客的需要，这是企业能否真正占领目标市场的又一个重要环节。如果企业不能向目标市场提供好的产品，那么再好的市场细分和目标市场都毫无意义。

（一）产品的整体概念

在普通人的意识中，产品通常是指通过生产劳动所创造出来的具有某种特定物质形态和用途的实体，如一个玻璃杯或一台空调。这样的认识显然不符合市场营销的实际，如运输、设计和咨询服务等都没有向顾客提供有形的实体，但它们能满足人们的某种需求或欲望且同样需要营销。因此，广义的产品概念既包括实体产品，又包括无形的服务。所以，曾有人把产品定义为"任何能用以满足人类某种需要和欲望的东西"。实际上，即使对生产企业来说，产品也不仅有实物用途和形式，还包括产品的延伸和扩展。所以，作为一个整体，产品的概念包括3层含义：实体产品、形式产品和延伸产品。

1. 实体产品

实体产品是指产品提供给购买者的基本效用或功能，也就是通过某种使用价值满足购买者的需要。换句话说，产品实体是服务的外壳，它实际上是向人们传送服务的工具，例如食物可以充饥，图书可以丰富人们的知识等。

2. 形式产品

形式产品即产品不仅向购买者提供所需要的服务，还具有他们所喜欢的物质外形，如产品的式样、花色、规格和包装等。这种有形产品虽然并不能直接向购买者提供核心功能，但可以起到附加作用，如保护产品和装饰作用等，所以仍然是购买者心目中的产品，影响其购买行为。

3. 延伸产品

延伸产品是指产品销售过程中以及销售后的服务，如培训人员、免费运送和咨询服务等。有时延伸产品和形式产品在某些购买者心目中占据非常重要的地位，尤其在基本功能差别不大的情况下，延伸产品往往成为购买者做出购买决策的基础。

确立正确的产品概念无论对销售者还是购买者都很重要，它有助于双方加强了解和合作。企业营销管理人员应该清楚地认识到：购买者购买产品是希望获得一个满意的整体，因此企业应通过其产品满足购买者的整体性的需要。

（二）产品寿命周期

产品寿命周期理论是营销管理学的重要组成部分之一，它对于指导企业的营销实践具有非常重要的意义，是解释很多市场营销现象的重要基础。

1. 产品市场寿命期的概念

产品市场寿命期是指产品从开发上市到被淘汰所经过的时间历程。从某种意义上说，产品同自然界中的任何生物体一样，都有一个发生、发展和衰亡的过程，这一过程在时间上的表现就是产品的市场寿命周期。

（1）产品的市场寿命期与它的使用寿命期是两个不同的概念。产品的使用寿命期是指产品的物理寿命，即产品从投入使用到损坏报废为止所经过的时间，主要与它的物理和机械性能有关；而产品的市场寿命期主要与顾客对产品的认识和需求程度有关。例如，有些产品的使用寿命期很短，但市场寿命期很长，最典型的例子就是鞭炮。相反，也有些商品使用寿命期很长，但市场寿命期很短，如有些时装和玩具就是这样，某些引起消费流行的产品也往往如此。

（2）产品市场寿命期是指产品中某种品种的市场寿命期，而不是指产品种类，因为很难预测产品种类的市场寿命期，如食品、汽车、轮船等，它们很可能无限地发展下去或经历相当长的时期。市场营销应该关注的是某种规格、型号和具有某种功能的产品在市场上能维持多长时间，它直接关系到企业的生产和经营。

（3）既然是产品的市场寿命期，自然不包括那些不通过市场而自己消费的产品。

2. 产品市场寿命周期各阶段特点和应采取的策略

（1）投入期。投入期是新产品经过产品发展和样品试制后进入市场的试销阶段。其主要特点是生产批量小，成本高，只提供一种基本产品，购买者多为具有冒险精神的人。这一阶段销售量增长缓慢，企业所获利润很少甚至亏损。投入期企业的营销目标应该是努力创造产品的知名度和推广产品。具体措施包括开展市场调查和预测、选择合适的目标市场、投入大量广告和展销等。

（2）成长期。成长期的特点是接受该产品的顾客增多，销售额快速上升，生产成本下降，利润上升，同时有一些竞争者开始介入，成长期企业的营销目标应该是最大限度地占有市场份额。为此，可努力提高产品质量，增加款式和品种，开展积极的售后服务和担保等。采用渗透价格策略，以吸引更多的潜在顾客，建立密集广泛的分销，即尽力扩大销售网点以方便购买。广告的目标由介绍产品的性能转向突出宣传产品的品牌和商标。在该阶段，由于大量顾客已开始采用该产品，可适当减少促销费用。具体策略包括：对产品进行适当改革，即在产品基本功能不变的条件下创造品牌和式样的多样性，保持市场的竞争优势，加强销售工作，继续努力扩大销售网点，疏通渠道。广告要特别注意对品牌和商标的宣传，着力树立商品和企业的形象，研制二代产品，为更新换代做准备。

（3）饱和期。饱和期是指产品已经普及并趋于饱和状态而且产品销售量趋于下降的阶段，此时产品销售额达到高峰，产品成本低，但销售量增长变慢，企业利润最高，同时竞争更为激烈。企业在饱和期的营销目标是保持已有的市场份额以获取最大利润。企业在饱和期的经营目标应是强化推销和开拓新市场，以谋取尽可能多的利润。具体措施包括：加强不同产品形式的服务工作，控制原材料购买；出二代产品进入试销。

（4）衰退期。衰退期的产品在经济上已经老化，不能适应市场的需要，销售量和企业利润急剧降低。企业在衰退期的目标应是削减该产品品牌的支出，同时获取利润。具体措施包括：逐步淘汰疲软项目，产品降价处理，撤销那些不赢利的分销网点，把促销费用减少到最低水平。正如前述，在第一代产品处于衰退期时，二代产品应已进入成长期。

3. 产品市场寿命周期曲线的意义

虽然产品市场寿命周期曲线只是产品销售额和利润变化的一种事后度量，并且各阶段的界限也不明显，但它对制定正确的市场营销策略仍然有重要的指导意义。

（1）预测产品销存额及其发展趋势。由于寿命周期理论提示了产品投放市场后销存额增减变化的一般规律，因而它可能用来推测产品的前途和命运。具体做法是通过类比或大量统计数据来预测未来的变化倾向，采用类比法时所选择的类比产品最好与待预测产品有很好的类似性，同时已有比较完整的统计资料，例如，可参照台式电脑的销售情况来判断笔记本电脑在相应阶段的发展趋势。另外，生产实践已总结出可以把产品本身各年实际销售变动率作为衡量其所在市场寿命周期阶段的依据。例如，如果每年销售增长率大于 10%，则可认为产品处于成长期；销售增长率在 0.1%~10% 为成熟期和饱和期；销售增长率为零或负值则说明产品已进入衰退期。

（2）有利于根据产品所处的寿命周期阶段采取相应的策略。例如，对处于成长期的新产品，应采取措施扩大销售量；对已进入成熟期的正常产品，应尽力维持其销售额和减缓其向衰退期的过渡，以便获得更多的利润；对处于衰退期的产品，则应尽早地减少或调整库存，以预防亏损。

（3）通过市场寿命周期曲线可以选择新产品上市的适宜机会。

4. 延长产品市场寿命周期的途径

尽管任何产品最终都要走向衰退和退出市场，但企业营销人员的任务就在于根据产品在不同阶段的特点采取相应的策略以延缓产品的衰老，其中比较好的时机是产品的饱和期，具体措施有以下几个。

（1）努力增加现有产品的用户。可以通过的大量广告和其他促销手段吸引现有顾客增加购买和使用率。

（2）改革产品。改革产品即通过对产品的改革，增加新的功能和品种来扩大市场面。

（3）寻找新顾客。通过积极的促销使原来不使用该产品的顾客购买该产品。通过以上各种措施，往往可以延长产品的市场寿命。

二、产品组合策略

（一）产品系列与产品组合

产品系列或产品线是指某一企业生产技术密切相关的同类产品的总和，如空调、冰箱等。一般来说，每个产品系列包括若干具体规格的产品，称之为产品项目。

一个企业生产和销售的全部产品系列及产品项目构成整体就是该企业的产品组合，它反映了企业产品的组合方式。

（二）产品组合策略的概念

产品组合策略就是根据企业的资源条件和外部市场环境合理地选择产品组合的宽度、深度和关联性。一般来说，增加产品系列和产品项目的数量，即扩大产品组合的宽度和深度，可以充分利用原材料、设备和增加产品的适应性，能更好地满足用户对产品的不同需求，因而有利于提高企业的产品市场占有率。但由于这种组合方式是多品种生产，难以实现规模经济。而加强产品系列的关联性，缩小产品组合的宽度和深度，则有助于提高生产技术和降低成本，但可能使企业对市场变化的适应性较差。

（三）现有产品结构的调整

在企业的产品组合中，必有一些产品项目竞争能力较强而能为企业赢得较多利润，同时，难免有的产品项目不适应市场需要而趋于衰退。此时，营销管理人员必须针对市场变化采取必要的措施来进行产品结构调整，以促使那些好的产品项目得以发展，同时压缩那些不好的产品项目，只有这样，企业才能在市场竞争中占有有利地位和保持自己的竞争优势。代表性的产品调整方法有波士顿矩阵结构管理法。

波士顿矩阵于 1970 年由美国波士顿咨询公司创始人布鲁斯·亨德森首创，后来在许多国家传播并得以不断发展完善。该方法是按每种产品的销售量增长率和相对市场占有率将企业的产品分为 4 种类型，根据它们在矩阵中的位置而采取相应的策略。

三、新产品开发

随着消费者需求和口味的不断变化、技术的日新月异和国际竞争的日益激烈，产品的寿命周期日益缩短。如果企业不能适时地推出自己的新产品，那么就会在市场竞争中失败。

根据产品的生产原理和用途不同，新产品可以大体分为3类：第一类是全新产品，它们与现有产品毫无共同之处，是新的科学技术发明在生产上的新应用；第二类是换代新产品，是在原有产品的基础上采用新技术、新材料和新工艺而制造出来的、用以适合新用途的产品；第三类是改进新产品，是在对现有产品改进性能和质量的基础上生产出来的不同规格和样式的产品。

（一）产品构思的产生

新产品构思的来源可能有很多，如顾客、研发人员、竞争者、营销管理人员以及高层决策人员等。尽管这些来源有所不同，但都可以作为开发新产品的现实基础。

（1）大量研究表明，很多工业产品的新构思来源于顾客，通过向用户询问现有产品有哪些问题往往可以找到理想的产品构思，但营销管理人员不应奢望于顾客直接提供新产品构思。

（2）企业也可以依靠内部的科研人员获得新产品构思，因为科研人员往往熟悉新技术的进展情况以及有关的替代技术，同时了解现有产品在哪些方面需做进一步的改进，世界上很多大企业都有独立的研究开发部门和专门从事产品构思的"思想库"。

（3）新构思也可以来源于竞争对手的产品。通过对竞争对手产品的仿造和改进有可能形成新的构思。

（4）企业的销售人员和经销商由于比较了解顾客需求，并掌握他们对现行产品为何不满意的第一手资料，因而常常可以产生好的产品构思。除以上来源，新产品构思还可能来源于发明家、专利代理人和大学实验室等。

尽管好的构思离不开灵感，但勤于思考和掌握适当的构思技巧也是必要的，它们有助于捕捉灵感和机会，常用的产生构思的方法有如下四种。

①产品特性一览表法。这种方法是把现有产品的主要特性列成一个表，然后对每一特性进行分析以决定可否对其加以改进，使用该方法时尤其要注意现有产品是否具有其他用途以及是否可以将某种特性扩大、缩小和重排。

②引申关系法。这种方法是把几个不同的产品排列出来，然后考虑它们之间的相互关系，发现是否可通过某种方式将它们组合起来。例如，将电子表、收音机、录放机组合起来，就会产生一个带有电子计时的收录两用机的构思。

③问题分析法。这种方法主要适用于发现来源于用户的新构思，它通过询问顾客在使用某一产品时所遇到的问题产生新构思。

④头脑风暴法。这种方法是召集6~10个有关专家举行会议并在约1个小时的时间内就某一限定问题进行想象构思。由于先提出的构思对下一步构思的激发作用，这

种方法往往能在短时间内形成很多构思。为了使这种方法奏效，应遵循以下原则：第一，对任何构思必须在事后才能提出批评意见；第二，与会者可以尽情自由发挥；第三，鼓励尽可能多的联想；第四，鼓励对他人的构思进行合并或改进以产生更加新颖的构思。

（二）新产品构思的筛选

如果说在构思产生阶段需要的是尽可能多的构思，那么其后的各个阶段则应努力减少构思的数目，其中首要的步骤就是筛选。

筛选就是尽可能较早地发现和放弃错误的构思，因为某些构思在原理上就存在缺陷，或者在当时技术水平条件下难以变为现实的产品，所以要对构思进行筛选。在筛选阶段，既要避免误舍较好的构思，又要避免误用错误的构思。无论是"误舍"还是"误用"构思，都会使企业蒙受损失，前者使企业丢掉很好的市场机会，后者则推出顾客可能并不需要的产品。

筛选可以分 3 个步骤进行：第一步是将新产品的构思填入一张标准表格，其中包括产品名称、目标市场大小、竞争状况、市场规模、产品价格和利润、企业的目标和资源条件等，若构思对其中一个或多个问题的回答不能令人满意，则应及早抛弃该构思。第二步是对经第一步筛选后剩下的构思，再用指数加权法进行第二次筛选，其方法是首先列出影响产品进入市场的主要因素，并根据这些因素的相对重要性给予一定的权数，其次对企业在这些因素上的能力进行打分，分数从 0~1.0。第三步是将每一因素的权数和本企业的能力分数相乘并对所得值求和，得到企业把某产品推向市场的能力总评分。如果能适当地确定分等标准，如总得分在 0.00~0.40 为较差，0.41~0.75 为尚佳，0.76~1.00 为佳，依据分等标准，企业就可以对某一具体构思进行取舍。

（三）产品概念的发展和测试

完成筛选以后，下一步就是将可能性产品的产品构思转化为已经成形的可用消费者语言描述的产品设想，即产品概念，包括产品的名称、功能、特性、式样、定价和包装等。例如，一种能增加营养和口味的糊状混合型食品就是一个产品构思，它可以转化成一种或多种产品概念，如新八宝粥，一种可口快餐食品，含有糯米、花生、红豆、麦片、绿豆、薏仁、花豆和砂糖，营养和口味俱佳，罐装，每罐售价 5 元。上述八宝粥就是用消费者语言描述的产品概念，其中关于成分、包装方法和价格的决策是在考虑目标市场上竞争产品的情况后做出的，得到产品概念以后，营销管理人员应和目标消费者一起测试产品概念的可靠性，方法是要求消费者就产品概念的描述、优缺点及是否打算购买等做出问答。最后，企业根据顾客的意见做出是否将产品概念向下一步发展的决策。需要指出的是，有很多营销管理人员往往在得到产品构思以后，不把它们发展为产品概念并加以测试就试图直接把它们推向市场，所以导致新产品开发的失败。

（四）商业分析

商业分析的主要任务是预估产品的销量、生产成本、销售利润率和投资报酬率，从而判断是否达到企业的目标。它主要解决如下问题。

（1）估计销量。企业应估计新产品的短期和长期销售量，尤其要预测产品可能的最低和最高销量，以便了解产品投放市场后可能的收益和风险。

（2）估计成本和利润。在估计销售量以后，企业营销管理人员就可进一步估计产品的预期成本和利润。

（五）新产品的研制和试销

从构思的产生、筛选到产品概念的形成并通过测试和商业分析，"产品"还只停留在图纸上或原始模型阶段。产品开发的重要环节是通过研制过程将产品概念转化为在技术上和商业上可行的产品，这种实体产品应满足3个条件：第一，具备产品概念中说明的属性和特征；第二，在正常情况下可以安全有效地执行其功能；第三，能在预算成本下生产出来并赢利。

需要指出的是，即使是一个经过筛选并已转化为概念的好构思，要将其开发为成功的产品也并非易事，有时要花数月甚至数年时间。产品试样研制出来以后，还必须通过一系列的功能测试和市场试销，以确保产品运行的安全、有效，并尽量受到消费者的喜欢。

试销是指把已确定了品牌名称、包装和设计的新产品投入部分市场进行销售，听取顾客对产品各方面的建议和意见，以便在大批量生产以前进行改进。通过市场试销还可确定市场容量和潜力。

市场试销的方法很多，现选择几种主要方法介绍如下。

1. 销售波动调查法

这种方法是首先向消费者免费提供产品试用，再以低价重复提供该产品或竞争对手的产品3~5次，通过统计重复选择本公司产品的消费者数量来了解顾客对产品的满意程度以及广告等对重复购买的影响，但这种方法不能了解中间商对产品的态度。

2. 模拟商店技术

这种方法是向所找到的几千名购货者播放简短的商业广告电视片，其内容是介绍一批不同的产品，有关公司新产品的广告片也混在其中，以便在不引起特别注意的情况下观察上述人员的反应。然后，分发每个人少量的钱并邀请他们到一个商店去，注意有多少人购买该新产品及其竞争品，从而衡量该产品商业广告的有效性。经过一定时间后通过询问了解他们对产品的态度、使用情况和再购买意图。模拟商店技术的优点在于能方便地衡量新产品的使用率、广告效果和竞争情况，并且可以预测最终的销售水平。

3. 控制试销

这种方法是由企业付给商店一定费用，然后商店在企业控制下，按指定的数量、购货地点、货台位置和价格经销新产品，从而确定店内因素和广告对购买者行为的影响以及顾客对产品的印象，这种方法的优点是企业不需要动用自己的销售力量和建立分销渠道，其缺点是易于把产品暴露给竞争者。

应该指出，上述几种方法主要适用于消费品。工业品试销常采用其他的方法，如产品使用测试、贸易展览会和陈列室测试等。并非所有新产品都要经过试销，特别是对某些价格昂贵的设备和生产资料，由于在生产前已经征求用户意见或已签订合同，就不必进行试销。

（六）商品化

新产品开发的最后环节是将经过上述一系列过程的产品正式投放市场，即商品化，营销管理人员必须清楚，即使是一种相当成功的产品，但若选择的时机、地区和目标消费者不合适，同样会使企业蒙受损失，甚至前功尽弃。具体来说，对于用来取代上一代产品的新产品，其入市的合适时机是老产品存货已基本销售完，但市场还没有被竞争对手占领的时候。企业在选择销售地区时应充分估计该地区的市场潜力、企业信誉以及销售成本。企业应该把目标对准最有希望的顾客群体，以尽快地增加市场占有率和销售额，从而吸引潜在的购买者。

第六节　价格与定价策略

产品价格的确定是市场营销组合的重要组成部分，也是比较复杂和不易做出正确决策的因素。产品价格除受价值规律的支配，还受供求关系、消费心理和其他诸多因素的影响。关于价值规律的理论，属于政治经济学的内容，本节只涉及企业定价方面的一些实际问题，主要讨论产品的微观价格问题。

一、企业商品价格的主要形式

商品价格的形式主要有以下几种。

（1）政府定价，是指依照《中华人民共和国价格法》规定，由政府价格主管部门或者其他有关部门，按照定价权限和范围制定的价格。

（2）政府指导价，是指依照《中华人民共和国价格法》规定，由政府价格主管部门或者其他有关部门，按照定价权限和范围规定基准价及其浮动幅度，指导经营者制定的价格。

（3）市场调节价，是指由经营者自主制定，通过市场竞争形成的价格。

（4）保护价格，是指政府为了保护商品的生产者利益而确定的最低市场购买价格。当市场购买价格低于保护价时，政府按保护价格进行收购。

二、影响商品价格的主要因素

（一）价值与价格的关系

价格理论认为，商品的价格是价值的货币表现。众所周知，商品价格的高低主要是由商品中包含的价值量（社会必要劳动时间）的大小决定的。当然，它也要受投入流通的货币量的影响，当投入流通的货币超过商品流通需要时，货币就会贬值，价格自然上涨；反之，商品价格就要下降。此外，价格还受供求关系的影响。

（二）质量与价格的关系

质量既是企业商品在市场竞争中获胜的重要手段，也是确定商品价格必须考虑的重要因素。从数量上看，商品质量与其成本和价格存在着一定的函数关系。

三、企业的定价目标

企业在实际定价和选择价格策略之前，需根据企业的目标和资源条件确定定价目标，以作为具体定价的依据，一般有以下几种方案可供选择。

（1）如果企业的某一商品在市场上处于绝对有利的竞争地位，即市场上没有其他类似商品能够满足顾客需要或商品质量过硬，那么企业可以以获取最大利润作为定价目标。

（2）企业某一商品虽然并不占有绝对优势，但仍处于全行业的主导地位，则企业可把获得长期稳定的投资报酬率作为定价目标。

以上两种定价目标是为了直接获得利润。

（3）如果企业有一定的资金或技术优势，但市场占有率不高，则应以提高市场占有率为定价目标，以谋求进一步发展。

（4）当企业与竞争对手激烈争夺市场时，企业主要应以应对竞争为定价目标，或者出奇制胜，或者随行就市。

四、商品定价的主要方法

随着经济的发展，人们在实践中总结出了许多定价方法。这些定价方法大致可以归纳为 3 类：一是成本导向定价法，二是需求导向定价法，三是竞争导向定价法。每一类定价方法中都包含了许多具体的定价方法，每一类定价方法都有各自的特点，适合于不同情况的定价。只有掌握了各种具体的定价方法及其特点，才能根据本企业的实际情况，选择适当的定价方法。

五、商品定价的策略

（一）新产品价格策略

（1）高价策略，也称为短期价格策略，做法是给新产品制定较高的价格，以便在尽可能短的时间回收投资和获取高额利润。杜邦公司是这种定价法的主要实施者，他们对尼龙等发明物最初制定一个根据新产品与有效替代品的比较利益而决定的较高价格，但仍使目标顾客认为值得使用而产生较大销量。当销售逐步下降以后再降低价格来吸引价格敏感的顾客，这样使杜邦公司获了大量的收入。

一般来说，寿命周期短、需求弹性小的高档或奢侈商品，短期内在一定范围内的紧缺商品以及独家生产的获利商品，可以考虑采用高价策略，但这种策略的缺点是不能持久。

（2）低价策略，也称为渗透定价策略，采用这种策略把产品价格定在保本点上或略高于保本点价格，通过低价扩大市场占有率和销量以追求长期利润。这种策略可以有效地阻止竞争者进入市场，同时可以改善产品和企业的形象。

采用低价策略应具备两个前提：一是该新产品的市场需求量很大，企业可通过扩大生产规模和薄利多销获利。二是该产品的潜在用户并不了解产品并对价格比较敏感。

采用这种策略风险较大，当销售量达不到预期水平时，企业往往在短期内难以回收研制新产品所花费的投资。

（3）中价策略，也称为满意价格策略。当企业的产品在质量、差异性和成本上没有突出优势，同时不愿意承担过高经营风险时可以采用这种策略，它既考虑了扩大当前的利润，也可以稳定地扩大市场份额，容易达到多方面都能接受的产品价格效果。

（二）折扣价格策略

所谓折扣价格策略，是指企业为刺激消费者增加购买而在其购买量达到某一数量时按产品原价格给予一定的折扣，通过扩大销量来弥补折扣费用和增加利润。对于进入衰退期的老产品或因某种原因不畅销的产品，可以采用这种策略尽快收回投资，以避免造成更大的损失。

按折扣方式的不同，折扣分为现金折扣、数量折扣和推广折扣。

（1）现金折扣，即企业对按规定日期或者提前以现金付款的购买者给予一定的折扣，目的是减少赊销。企业在采用现金折扣策略时，要注意制定合适的折扣率，同时规定合适的折扣时间和期限。

（2）数量折扣，即根据顾客的购买数量分别给予大小不同的折扣。顾客购买数量和金额越大，折扣率越高。数量折扣又可进一步分为两类：①累计数量折扣，即根据一定时期内顾客所购货物的累计数量和金额的大小给予不同的折扣，采用这种折扣方式有利于吸引顾客长期购买和掌握销售的规律。对于某些易腐性商品，尤其适合采用累计折扣策略。②非累计数量折扣，即当顾客一次性购买某种商品的数量超过某一限度以后，按超过数额的多少给予一定的折扣优惠。有时也可按多种商品购买金额超过某一限额的多少来给予一定的价格优惠。

（3）推广折扣，是指企业给予中间商的折扣优惠，以鼓励中间商积极地推销产品。

（三）心理定价策略

所谓心理定价策略，是指企业在定价时主要考虑顾客心理对购买决策的影响，从而制定有利于扩大市场占有率的策略，具体可分为3种。

（1）尾数定价，即将商品的价格保留一定的尾数，给顾客造成一种商品便宜、生产企业和商店认真、价格真实的印象。如很多顾客习惯于接受尾数价格，认为零数比整数便宜，单数比双数少得多。

（2）习惯价格，是指消费者因长期购买而在心理上所承认和默许的一种价格，它的变化往往引起顾客的误解和不满。因而，只要不是通货膨胀严重或有其他特殊情况发生最好不要采用习惯价格，以免引起消费者的猜疑并导致销售量下降。

（3）声望价格，是为那些在市场上已有很好信誉和品牌形象的产品确定较高的价格，从而增加消费者心理满足的一种策略。这种策略对于那些高收入阶层以及爱慕虚荣的顾客比较适用。

（四）产品组合定价策略

所谓产品组合定价策略，是指在定价时不仅考虑某一产品品种的定价是否合理和能否赢得利润，而且综合考虑企业产品组合的状况，以有利于企业获取整体最大利益并合理确定产品组合中所有产品品种的价格，主要有以下3类产品组合定价。

（1）产品大类定价，即指一组相互关联的产品的定价。企业应根据产品系列中每一产品品种的不同外观或特色合理安排它们之间的价格差额。一方面它们的价格差额不能过小，以致顾客认为前后连接的产品没有区别转而去购买他们认为更先进的产品；另一方面，价格差额也不能过大，以免顾客宁愿选择质量较差的产品，还要考虑顾客对产品价格变化的反应和竞争对手产品的价格。

（2）任选品定价，是指根据主要产品的经营特点来确定与之有一定关联的产品的价格。这里所说的关联是指某一类产品和主要产品在经营和销售上有一定的关系，如饭馆，除了提供饭菜，还提供酒水等。因此，企业除需给主要产品制定合适的价格，还必须给任选必定价。这种定价策略比较灵活，价高可用来赚钱，价低可用来招揽顾客。

（3）连带产品定价，就是必须和主要产品一同使用才能发挥其功能或效用的一类产品定价，如剃须刀架是剃须刀的连带品。在市场营销活动中，很多企业往往把主要产品的价格定得稍低些，以提高市场占有率，而把连带产品的价格定得较高，靠连带产品的大量销售来营利。例如，很多大型设备使用期限较长，价格昂贵，而与之配套使用的附属设备则反复大量采购，所以国外企业往往采用这种策略为连带产品定价。再如，打印机的价格定得较低，而把墨盒的价格定得较高，商家靠墨盒来赚钱。

第三章　企业管理中的质量管理

第一节　质量的概念及意义

一、质量的概念

关于质量的定义，不同的专家、学者有着不同的解释。如菲利普·克劳斯比认为"质量是符合要求和规格"，这是质量管理历史中"符合标准"时期所提倡的观点。美国朱兰博士认为，"质量就是适用性""任何组织的基本任务就是提供能够满足顾客要求的产品"。田口玄一认为，"质量是指产品出厂后对社会造成的损失大小，包括由于产品技能变异对顾客造成的损失以及对社会造成的损害"。

ISO 9000（质量管理体系）的 2000 版（DIS）把质量定义为："产品、体系或过程的一组固有特性，具有满足顾客和其他相关方要求的能力。"这个定义是一种比较严密的表述，在这个表述中，"产品"是指过程的结果，而"过程"是指使用资源将输入转化为输出的活动系统的运作，"要求"可以是明示的、习惯上隐含的或必须履行的需求或期望。

对质量的定义强调顾客的要求是非常有必要的。顾客是指接受产品的组织和个人，包括最终使用者、零售商、受益者和采购方。从本质上说，质量是指一种产品或服务能够持续地满足或超过顾客需要的能力。近年来，顾客满意常被当作衡量产品质量的重要指标。顾客满意是由产品特性和无缺陷两个重要因素构成的。产品特性是指设计的质量，而无缺陷指的是产品符合设计质量的程度，即符合性质量。

具体来说，虽然一件产品形式多种多样，其质量的内涵也存在一些差别，但总括起来说，质量的内涵包括如下内容。

（1）性能指标，这是由产品使用功能所决定的主要特性。

（2）安全性，这是指产品对用户和环境有无危险、伤害或其他有害影响。

（3）可靠性，这是指产品特性所具有的稳定性。

（4）寿命，这是指产品正常发挥功能的持续时间。

（5）美感，这是指用户对产品外观上的感觉，如色、香、味、形等。

（6）认同程度，这是指用户对产品满足其需求的程度以及间接评价等。

（7）售后服务，这是指处理顾客抱怨的及时性和满意程度。

这里说的"产品"是一种广义的概念，包括硬件（如一台机器或零部件）、软件（如计算机应用程序）、服务（如运输、银行、医院、政府职能部门提供的服务等）、流程性材料（如润滑油等）。

二、质量的意义

美国质量管理界有一句名言："我们国家的未来系在我们能否提供高质量的产品和服务"。朱兰说："我们生活在质量堤坝的后面。"的确，产品质量的好坏是关系到国计民生、国家强盛的大事。

（一）质量是组织赖以生存的基础

消费者随着知识的增长、收入的增加，在选购产品时考虑的首要因素就是产品的质量。产品质量是企业在市场竞争中最有力的武器，是企业赖以生存的基础。如果企业的产品质量优于其竞争对手，就会获得顾客对其产品的向心力，就会有回头客。这样市场占有率增加了，利润也就增加了。

（二）质量是消费者权益的保障

ISO 9000 系列标准将顾客需求的满足程度作为质量管理追求的目标，也是考核质量结果最根本的标准。从产品设计开发到生产制造至最后检验的全过程，都应把顾客需求放在首位。这个标准对顾客的识别、企业是否具有满足顾客要求的能力的评审、与顾客的沟通以及处理顾客投诉等都做了规定。顾客的需求是多方面的，可分为生理需求和心理需求两大类。这两类顾客需求得到满足的程度可用顾客满意度来衡量。"满意"是指一个人通过对产品的可感知效果与他的期望值相比较后形成的感觉状态。重视产品质量的"顾客满意度"，就能在最大程度上保证顾客权益。

第二节 质量管理概述

一、质量管理的发展历史

人类社会自开始有生产活动后，就有质量管理问题。在不同的时期和社会环境下，质量管理也呈现出不同的特点。按质量管理本身的特点，可以把质量管理的发展分为不同的阶段。质量管理发展至今的全过程可分为：单纯的质量检验阶段、数理统计质量控制阶段、全面质量管理阶段、ISO 9000 系列标准阶段、当代质量管理阶段。

（一）单纯的质量检验阶段

第二次世界大战以前，人们普遍对质量管理的认识还只限于对产品质量的检验。通过严格检验来保证出厂或转入下道工序的产品质量。因此，质量检验工作就成了这一阶段执行质量职能的主要内容。质量检验所使用的手段是各种检验工具、设备和仪表，质量检验的方式是严格把关，对产品进行全数检查。在由谁执行这种质量职能的问题上，在实践中也有一个逐步变化的过程。

20 世纪以前，产品的质量检验主要靠手工操作者的手艺和经验。对产品质量进行鉴别、把关，检验和生产都集中在操作工人身上，人们称此为"操作者的质量管理"。

1918 年以前，美国出现了以泰勒的"科学管理"为代表的"管理运动"，强调工长在保证质量方面的作用，企业设立了专职检验的职能工，执行质量检验任务，人们称此为"工长的质量管理"。

1940 年以前，随着生产的发展、企业规模的扩大，企业执行质量检验的责任就由工长转移到专职的质检部门。质检部门配有一定数量的专职检验人员和检验仪器，制定并执行严格的产品检验制度，负责整个企业的产品质量检验工作，人们称此为"检验员的质量管理"。

检验员的质量管理的出现对当时企业生产的发展起了积极的作用。它加强了生产者的责任心和不断提高技术水平的要求，通过产品检验可为企业及时地发现技术或管理上的问题提供可靠的依据，解决了这些问题不仅可以使产品质量得到提高，也促进了生产技术和管理水平的提高。但是这种事后的、把关型的管理，主要是对产品划等级、排除不合格品，并不能减少或避免不合格品的产生。有些产品并不能靠检验的办法来保证质量，对产品进行全数检验有时在技术上是不可行的，经济上也是不合算的。因此，随着生产的发展、生产规模的不断扩大和生产效率的不断提高，质量检验的这些缺点也就显得越来越突出。

（二）数理统计质量控制阶段

大批量生产的进一步发展要求用更经济的方法解决质量检验问题，并要求事先防止成批废品的产生。一些著名的统计学家和质量管理专家开始注意质量检验的弱点，并设法运用数理统计学的原理去解决这些问题。

美国质量管理专家休哈特提出了控制与预防缺陷的概念，并用数理统计中正态分布六西格玛的原理来预防废品。根据测定的产品质量特征值，按照六西格玛原理绘制出质量控制图，不仅能了解产品或零部件的质量状况，而且能及时发现问题，有效地降低不合格品率，使生产过程处于受控状态。抽样检验比全数检验提高检验效率，降低检验成本，从而有效地突破了全数检验带来的局限和问题。

数理统计质量控制有 3 个主要特点：①质量管理的职能已由单纯的事后把关，转为对生产过程进行控制，进而可预防不合格产品的产生；②无论对产品的抽样检验，还是对工序的质量控制，都广泛地采用了统计分析方法；③质量管理的许多职能已由专职的检验人员转由质量控制工程师和工程技术人员承担。

（三）全面质量管理阶段

1. 全面质量管理的概念

20 世纪 50 年代后期，美国的朱兰和费根堡姆等学者提出，为了生产出使消费者满意的产品，单靠统计质量控制还不够，必须建立企业各部门相互协作的质量保证体系，对生产以至消费的全过程进行控制。这个全过程是指从产品的研究开发开始，到产品的生产、销售、售后服务形成的螺旋式的上升过程。

1961 年，费根堡姆出版了《全面质量管理》一书，提出了全面质量管理的概念。他指出："全面质量管理是为了能够在最经济的水平上并考虑到充分满足顾客要求的条件下，进行市场研究、设计、制造和售后服务，把企业内各部门的研制质量、维持质量和提高质量的活动构成一体的有效体系。"这个定义主要强调以下 3 个方面。

（1）这里的"全面"是相对于统计质量控制中的"统计"而言。也就是说，要生产出满足顾客要求的产品，单靠数理统计方法控制生产过程是不够的，还必须从质量管理的理论、方法和成果密切统一的要求出发，注重一系列的组织协调工作，从而全面解决产品质量问题。

（2）这里的"全面"还相对于制造过程而言。产品质量有一个产生、形成和实现的过程，包括市场研究、研制、设计、制定标准、制定工艺、采购、配备设备与安装、加工制造、工序控制、检验、销售、售后服务等环节。这些环节紧密相连、相互促进、循环往复。每经过一次循环，产品质量就提高一步。全面质量管理就是要组织管理所有这些研制质量、维持质量和提高质量的活动，使之成为一个有机统一的体系。

（3）产品质量应当是"以最经济的水平"与"充分满足顾客要求"的统一。也就是说，讲产品质量，离不开顾客的要求，离不开经济效益，离不开质量成本。全面质量管理已经在世界工业发达国家取得显著成效。特别是美国和日本在推行全面质量管理的过程中提出了许多新的概念和思想，这对全面质量管理的推广和应用起到了重大作用。

2. 全面质量管理的思想内容

（1）用户至上，即树立以用户为中心，为用户服务的思想。"用户"的词义很广，美国质量管理专家朱兰把用户分为以下4类：第一类，加工者，他们可以是本企业的各个生产部门或进行再加工的其他企业；第二类，从事产品买卖的中间商；第三类，最终用户，即产品的直接使用者；第四类，全社会。

（2）质量检验。质量是设计、制造出来的，而不是检验出来的，质量检验仅仅是质量信息的来源，而设计决定了质量的先天性，制造使设计的质量要求得到实现，这实际上也体现了预防的原则，即把着眼点从单纯质量检验和事后把关，转移到从设计着手控制、生产过程控制和事先预防。

（3）全员管理和全过程管理。为确保质量必须对从产品研究、设计开始，直至原材料交货、生产和销售全过程进行控制，同时要调动全体员工参与质量管理的积极性。日本企业中广泛建立的"质量管理小组"就是十分成功的形式。

（4）PDCA循环。PDCA循环的概念最早是由美国质量管理专家休哈特博士提出的，由戴明采纳、宣传并获得普及，故又称为"戴明环"，其含义如下。

P（计划）——规定必须达到的质量要求和目标。

D（执行）——执行各项任务以保证计划完成。

C（检查）——检查执行结果，发现问题，准备改进。

A（处理）——处理质量保证过程中发生的问题。

这4个步骤不断循环，使质量不断上升到新的水平。

（5）运用科学的管理方法。全面质量管理的方法很多，常用的方法包括调查表法、分层法、排列图法、直方图法、因果分析图法、相关图法和控制图法。

3. 全面质量管理的内容

（1）设计过程质量管理的内容。设计过程包括市场调查、产品开发、产品设计、工艺准备、试制和鉴定等过程，主要工作内容有：通过市场调查研究，根据用户要求、科技情报与企业的经营目标，制定产品的质量目标；组织销售、使用、科研、设计、工艺、制造和质管等部门共同审查和验证，确定适合的设计方案；保证技术文件（如设计图纸、产品配方、技术规程和技术资料等）的质量；做好标准化的审查工作；督促遵守设计试制的工艺程序。

（2）制造过程质量管理的内容。制造过程是指对产品直接加工的过程，主要工作内容有：组织质量检验工作，包括原材料进厂检验、工序间检验、产品出厂检验；组织和促进文明生产；组织质量分析，包括废品分析和成品分析；掌握质量动态；组织工序的质量控制，建立质量管理控制点；等等。

（3）辅助过程质量管理的内容。辅助过程是指为了保证制造过程正常进行而提供各种物资技术条件的过程，主要工作内容包括物资采购供应、动力生产、设备维修、工具制造、仓库保管、运输服务等。

（4）使用过程质量管理的内容。使用过程是考验产品实际质量的过程，是企业内部质量管理的延续，也是全面质量管理的出发点和落脚点，主要工作内容包括：开展技术服务工作，处理出厂产品质量问题，调查产品使用效果和用户要求。

4. 全面质量管理的实施步骤

全面质量管理的推行一般按以下步骤进行。

（1）制定全面质量管理推行计划、规划。

（2）建立各级质量管理机构，确定各自职责范围。

（3）抓好质量教育培训工作，依次对领导、中层干部、业务骨干和全员进行培训，全面质量管理"始于教育，终于教育"。

（4）开展工序管理试点工作，包括整顿纪律、完善制度、建立质量控制点、开展小组（质量控制小组）活动等。

（5）整顿、加强基础工作，包括标准化工作、质量信息工作、质量责任制、计量工作等。

（6）落实质量职能，将质量形成全过程涉及的质量活动落实到有关部门、班组。

（7）开展全过程质量管理，根据质量职能，在设计、制造或施工、服务等各个阶段采用全面质量管理科学的程序（PDCA 循环）和方法展开活动。

（四）ISO 9000 系列标准阶段

1.ISO 9000 系列标准的产生

自 20 世纪 80 年代以来，经济全球化的步伐日益加快，为了节约交易成本、实现可持续发展，各国对国际标准、检验和合格评定问题日益重视，因此执行标准模式管理是质量管理发展的必然产物。标准模式管理吸取了世界各国质量管理和质量保证工作的成功经验，避免了执行过程中的形式主义，保证了企业产品品质的稳定性、连续性和可持续发展性。它概括和提炼了全面管理的理论和实践，为企业建立质量保证体系、实施外部质量保证提供了全面的指导。

ISO 9000 系列标准正是基于这种背景的产物，是由国际标准化组织（ISO）于 1987 年颁布的一套国际标准。ISO 9000 系列标准分为核心标准、质量保证技术指南标准、质量管理补充标准、技术支持标准和术语 5 个部分。

2.ISO 9000 系列标准的目的

ISO 9000 系列标准的目的是通过贯彻标准使企业的质量体系有效运行，使其具有持续提供符合要求产品的能力，而且在质量保证活动中向顾客提供具有这种能力的证实。为实现这种目的，必须建立质量体系，通过第三方认证、检查、审核和企业内部的质量审核，使质量体系不断纠正自己的不符合事项，始终保持有效并不断改进产品或服务的质量。

3.ISO 9000 系列标准的特点

（1）ISO 9000 系列标准定义的质量是指实体满足明确或隐含需要的能力的特性综合，这里的实体指的是可以单独描述和研究的事物，实体可以是活动或过程、产品、组织、体系以及各项任何组合。

（2）ISO 9000 系列标准强调与质量体系有关的人员必须参加全员培训。

（3）ISO 9000 系列标准强调全过程控制，但更加注重文件化，是购买方提出的要求，强调符合性。

（4）ISO 9000 系列标准强调企业有持续供给符合要求的产品或服务的能力，为顾客提供证实。

（5）ISO 9000 系列标准是各方面协商一致的产物，存在妥协性，它是对企业质量管理、质量保证活动中某一领域最基本的要求。

（6）ISO 9000 系列标准使企业质量管理活动具有可比性、可检查、可操作，并可与国际接轨。

（五）当代质量管理阶段

企业之间的竞争一方面要求不断降低成本，另一方面要求不断提高产品质量，这两个目标似乎是相互矛盾的，但当代先进的管理方式把两者完美地结合在一起。从全面质量管理、ISO 9000 系列标准到"六西格玛"和"零缺陷"，质量管理是当代质量管理方式和思想的又一次飞跃。

1. 六西格玛管理法

六西格玛即六倍的标准差，用在产品和服务里，可以作为缺陷的计量手段，达到六西格玛水平，即达到在一百万个产品里只有三四个产品存有瑕疵。六西格玛管理模式并非仅指上述内容，作为一项质量改进计划，它有着更为深刻的意义：①六西格玛已成为一种基于客户驱动的连续质量改进计划，其目的在于综合运用质量管理的理念和方法，以连续改进为基本策略，达到并超过六西格玛质量水平。②六西格玛管理是在提高顾客满意度的同时，降低经营成本和缩短运作周期的过程革新方法。③六西格玛是一种质量文化或企业文化，强调以顾客满意度为宗旨，以持续改进为策略，以统计数据为依据，以全员参与方式为质量改进理念。④六西格玛是一种管理哲学，体现了与质量关联的各种因素多方位、多层次的横向和纵向思辨。在六西格玛管理理论中，缺陷不仅仅在于产品的质量，还包括工作任务或实体。⑤六西格玛管理理论是一套动态的管理体系，在六西格玛中存在管理目标（因变量）和管理要素（FI 变量）间的函数关系。通过对管理要素的调整，达到管理目标的最优化，通过对管理过程的控制，使管理过程达到稳定状态。其具体理论体系包括策划、产品统计、测量、统计方法、分析方法、改善策略、过程控制等。⑥六西格玛管理方法中包含丰富的经营理念，如以顾客为中心、有效的领导、全员参与、面向过程的管理、持续改进、以事实为依据、互惠互利的组织间关系 7 项管理的基本原则。所有这些原则在六西格玛管理活动中，受到充分的重视，并在持续改进的过程中具体得以体现。

企业开展六西格玛管理，一般采用 DMAIC 方法，即确定、评估、分析、改进、控制 5 个循环改进方法和步骤，并且有一个强有力的综合框架来保证其有效实施，即高层管理承诺、有关各方的参与、扎实的培训、可靠的测量。它需要将对顾客要求的理解，对事实、数据的规范使用和统计分析，以及对管理、改进、再发明业务流程的密切关系进行总结，形成良性循环。

2. "零缺陷"管理法

"零缺陷"管理又称"无缺陷管理"（简称 ZD），是美国质量管理大师菲利普·克劳斯比提出的一套质量管理理论，其核心理念认为：①随着现代生活要求的不断提高和现代经济活动的大量增多，99.9% 的合格率不再是可以接受的，因为 0.1% 的不合格率会导致不容忽视的结果。②现阶段的零缺陷是可以实现的。③零缺陷的实现并不意味着经营的高成本的出现，相反经营成本有下降的趋势。④这一阶段的管理不再是单纯的传统意义上的质量管理方法，而是全面的管理和理念。它是基于对组织业绩度量的管理，强调按照顾客的要求和企业的发展重点度量组织业绩的各个方面。⑤这一阶段的管理主张企业发挥人的主观能动性进行经营和管理，它要求生产工作者从一开始就本着严肃认真的态度，把工作做得准确无误，并符合承诺的顾客要求，而不是依靠事后的检验纠正，强调预防系统控制和过程控制。

企业实施"零缺陷"质量管理有 3 个步骤，即教育、执行和团队行动。

（1）教育。教育的目的在于让每一个员工树立零缺陷的质量意识，明白自己在提高质量中所扮演的角色。整套的教育包括：主管教育，即让高级主管了解自己的角色；管理教育，即让执行者了解为什么要这样做；员工教育，即让全体员工了解自己的质量责任。

（2）执行。执行的步骤为：管理阶层的承诺—团队行动—设定标准—确定质量的成本—对质量的反思—改正的行动—计划零缺陷的活动—员工的教育—设立零缺陷日—设定目标—消除引起错误的因素—提出质量改善的榜样—建立质量委员会—从头做起。

（3）团队行动。要达到零缺陷的目的，单靠某个人的努力是远远不够的，必须改变企业成员的价值观念，形成零缺陷的企业文化和管理形态，从上到下形成零缺陷的质量氛围。

回顾质量管理发展的几个阶段，可以看到，人们在解决质量问题中的观念和所运用的技术和方法是在不断发展和完善的。后一阶段并不是对前一阶段质量职能的否定和取消，而是在前一阶段基础上的带有突破性的发展。同时可以看到质量管理的发展过程又是同社会生产力水平的不断提高、科学技术的不断进步、市场需求的发展和市场竞争的加剧等密切相关的。这些方面的提高、进步、发展和加剧将会促使人们在解决质量问题的观念、方法和手段在已有的基础上产生新的突破。

二、质量管理的内涵

质量管理是指确定质量方针、目标和职责，并在质量体系中通过诸如质量策划、质量控制、质量保证和质量改进使其实施的全部管理职能的所有活动。它是组织全部管理职能的一个组成部分，其职能是质量方针、质量目标和质量职责的制定与实施。质量管理是有计划、有系统的活动，为实施质量管理需要建立质量体系，而质量体系又要通过质量策划、质量控制、质量保证和质量改进等活动发挥其职能。可以说，这 4 项活动是质量工作的四大支柱。质量管理是各级管理者的职责，但必须由最高管理者领导，质量管理需要全员参与并承担相应的义务和责任，质量管理还必须考虑经济因素。有关质量管理的内涵，下面略加说明。

（一）质量方针

质量方针是指由组织的最高管理者正式发布的该组织的质量宗旨和质量方向。它是一个组织总方针的组成部分，由最高管理者批准并正式发布。质量方针应体现企业的经营目标和顾客的期望和要求。它是一个组织质量行为的准则和对外质量的承诺，所以这个组织的全体人员都必须正确理解并在本岗位认真执行。

（二）质量策划

质量策划是指确定质量以及采用质量体系要素的目标和要求的活动。质量策划包括产品策划与管理和作业策划。产品策划是一项确定产品质量目标和要求的活动。产品策划的内容是对质量特性进行识别、分类和比较，并制定其目标、质量要求和约束条件，如产品规格、性能、等级及有关特殊要求（如安全性、互换性等），是通过产品策划来实现的；管理和作业策划是一项确定质量体系要素的目标和要求的活动，策划的内容包括组织和安排、为产品质量的实现配备必要的资源和管理支持。质量策划还包括质量计划和作业质量改进规定的内容，质量计划可以是质量策划的一项结果。

（三）质量控制

质量控制是指为达到质量要求所采取的作业技术活动。质量控制贯穿于质量形成的全过程、各环节，排除这些环节的技术、活动偏离有关规范的现象，使其恢复正常，从而达到控制的目的。

质量控制包括设计控制、过程控制、包装贮存和搬运以及售后服务等的控制。设计控制就是使所设计开发的产品能够满足顾客的要求（明确的和隐含的）。过程控制是设计后的活动，包括制造、安装调试等的控制。过程控制还包括生产设备的定期校准。对于那些不能通过事后检验或试验完全验证的特殊过程，需要进行持续的过程监控。包装、运输、贮存过程控制的目的在于防止产品交付给顾客的过程中受损害和变质。产品必须在受控状态下开发和生产，这个要求也应用于产品维修和其他售后服务中。

质量控制的内容是"采取的作业技术和活动"，这些活动包括：①确定控制对象，如一道工序、设计过程、制造过程等；②规定控制标准，即详细说明控制对象应达到的质量要求；③制定具体的控制方法，如工艺规程；④明确所采用的检验方法，包括检验手段；⑤实际进行检验；⑥说明实际与标准之间有差异的原因；⑦为解决差异而采取的行动等。

（四）质量保证

质量保证是指为了提供足够的信任表明实体能够满足质量要求，而在质量体系中实施并根据需要进行证实的全部有计划和有系统的活动。质量保证是通过提供证据表明实体满足质量要求，从而使人们对这种能力产生信任，根据目的不同可将质量保证分为内部质量保证和外部质量保证。内部质量保证指的是在一个组织内部向管理者提供证据，以表明实体满足质量要求，取得管理者的信任，使管理者对实体的质量放心；外部质量保证指的是在合同或其他条件下，向顾客或其他方提供足够的证据，表明实体满足质量要求，取得顾客或其他方的信任，让他们对实体的质量放心。

（五）质量的持续改进

质量改进是指为向本组织及其顾客提供更多的收益，在整个组织内所采取的、旨在提高活动和过程的效益和效率的各种措施。质量改进是一个长期坚持不懈的奋斗目标，持续的质量改进可持续地提高企业内各项工作、各个过程的效率，从而使企业获得长期的质量效益。质量的持续改进关键在于要有纠正和预防措施，以保证质量管理体系持续有效，并符合内部（如质量计划和目标）和外部（如 ISO 9000）要求。不合格产品的控制、统计技术的应用、内部审核以及纠正和预防措施结合在一起，构成了持续改进体系的基础。

三、质量管理的原则

质量管理是组织的各项管理工作之一。为了实行有效的质量管理，必须建立一个良好的质量管理体系。根据历史经验，一个好的质量管理体系运作应遵循以下原则。

（一）以顾客为中心

组织依存于顾客，顾客是企业生存的基础，失去顾客，企业就没有存在的必要。企业在市场经济中的发展战略和质量方针是与顾客的需求和期望紧密相连的。企业的市场、发展和扩展生存空间取决于现有顾客和潜在顾客的要求和期望。因此，组织应了解顾客当前和未来的要求，努力满足顾客要求并争取超过顾客的期望。

（二）重视领导作用

质量管理强调领导作用，领导者是企业管理的推动者，负责企业质量方针与目标、产品质量持续改进的策划，以及组织机构与职能的确认等。领导者为职工创造能参与实现规定目标和质量改进的环境，并积极改革企业体制、机构和运行机制，通过身体力行、强烈的质量意识和示范作用，调动职工提高质量的热情，形成推动企业进一步发展的合力。

（三）全员参与

质量管理体现的是以人为本的哲学思想。组织内的各级人员是组织之本，只有他们的充分参与，才能使他们发挥自己的才能，从而为组织带来最大的收益。全员参与，一是指参与管理，二是指参与活动。只有全员参与，才能使产品实现的所有活动均处于受控状态，使顾客需求贯穿于产品实现的全过程，从而达到顾客期望的全面实现。

（四）过程方法

过程方法即系统地识别企业的各个活动（过程）、相关资源及其运行接口和相互作用，并把相关资源和活动作为过程进行管理，以达到高效和期望的结果。过程方法强调过程活动与资源的有机结合，它以顾客的要求和期望为投入，以提供给顾客的产品作为产出。过程管理通过 PDCA 循环来改进质量并测算顾客的满意度，评价企业质量体系的业绩，并切实改进关键活动的人、机、料、法、环等因素。过程方法适用于简单的过程和过程网络，其优点是：节约或有效使用企业的活动资源，缩短工作周期，降低企业管理成本，获得一致性和可测量的质量改进结果，从而提高产品过程的有效性。

（五）持续改进

由于顾客的需求是不断变化的，企业为了取得竞争优势，必然要持续改进产品服务质量。持续改进的基本要求是全员参与。持续改进的步骤和内容是：①分析企业现状，评价其经营活动，识别改进和创新的机会；②对各种来源的数据进行综合分析，确定改进项目的总体要求，确定因果关系和改进区域，策划改进方案和活动；③测量、评估改进过程的有效性和效率，评价改进结果；④将新的解决问题的办法、有效措施及成熟的经验，纳入标准和相关文件，必要时对相关人员进行培训，以保持改进的成果。一个循环完成后还要继续新的改进，将遗留问题转入下一个 PDCA 循环。持续改进是一个组织追求的永恒目标。

（六）基于事实的决策方法

基于事实的决策方法，即从实际出发，以事实为依据，将事实分析的结果用于决策。它解决的是事件本身的不确定性，为防止决策失误，有效的方法是对数据、信息进行逻辑分析和直觉判断，基于事实的决策方法的应用将增强企业的科学决策能力。

（七）与供方互利的关系

供方是产品和服务链上的第一环节，影响企业的生产进度。供方的质量影响着产品和服务的最终质量，同时企业的质量效益也包含了供方的贡献。供方提供的产品对企业的产品可能产生重要影响，企业是否有一个稳固的供方，将会影响企业产品的持续性和稳定性。与供方建立互利关系，可以提高双方创造价值的能力。

（八）管理的系统

方法系统的特征具有整体性、集合性、目的性和环境适应性。系统存在于环境之中，必然与环境（外界）进行物质、能量和信息交换。企业作为一个系统，必须用系统的方法进行管理，才能适应市场环境的变化。

四、质量管理的组织机构

质量管理的发展经历了 5 个阶段，但只有质量管理发展到统计质量控制阶段时，企业才开始建立专门的质量管理组织机构。这种机构的结构形式、人员数量及分工等与企业的规模、产品的特性和管理文化等情况有关。组织原则是管理层次要少，管理的幅度要大。但如果企业规模很大，层次就会多，分工也会细。

第三节　质量管理体系的建立、实施与认证

一、质量管理体系的建立与实施

按照 GB/T 19000—2000 族标准建立或更新完善，质量管理体系的程序通常包括质量管理体系的策划与总体设计、质量管理体系文件的编制、质量管理体系的实施运行 3 个阶段。

（一）质量管理体系的策划与总体设计

最高管理者应确保对质量管理体系进行策划，满足组织确定的质量目标的要求及质量管理体系的总体要求，在对质量管理体系的变更进行策划和实施时，应保持管理体系的完整性。通过对质量管理体系的策划，确定建立质量管理体系要采用的方法，

从组织的实际出发进行体系的策划和实施，明确是否有剪裁的需求并确保其合理性。ISO 9001 系列标准引言中指出："一个组织质量管理体系的设计和实施受各种需求、具体目标、所提供产品、所采用的过程以及该组织的规模和结构的影响，统一质量管理体系的结构或文件不是本标准的目的。"

（二）质量管理体系文件的编制

质量管理体系文件的编制应在满足标准要求、确保控制质量、提高组织全面管理水平的情况下，建立一套高效、简单、实用的质量管理体系文件。质量管理体系文件包括质量手册、质量管理体系程序文件、质量计划、质量记录等部分。

1. 质量手册

（1）质量手册的性质和作用。质量手册是组织质量工作的"基本法"，是组织最重要的质量法规性文件，它具有强制性质。质量手册应阐述组织的质量方针，概述质量管理体系的文件结构并能反映组织质量管理体系的全貌，起到总体规划和加强各职能部门间协调的作用。对组织内部，质量手册起着确立各项质量活动及其指导方针和原则的重要作用，一切质量活动都应遵循质量手册；对组织外部，它既能证实符合标准要求的质量管理体系的存在，又能向顾客或认证机构描述清楚质量管理体系的状况。同时，质量手册是使员工明确各类人员职责的良好管理工具和培训教材。质量手册便于克服由于员工流动对工作连续性的影响。质量手册对外提供了质量保证能力的说明，是对销售广告有益的补充，也是许多招标项目所要求的投标必备文件。

（2）质量手册的编制要求。质量手册的编制应遵循 ISO/TR 10013：2001《质量管理体系文件指南》的要求。质量手册应说明质量管理体系覆盖哪些过程和条款，每个过程和条款应开展哪些控制活动，对每个活动需要控制到什么程度，能提供什么样的质量保证等。

（3）质量手册的构成。质量手册一般由以下几个部分构成：批次，批准，简言，范围，引用标准，术语和定义，质量管理体系，管理职责，资源管理，产品实现，测量，分析和改进。各组织可以根据实际需要，对质量手册做必要的删减。

2. 质量管理体系程序文件

（1）概述。质量管理体系程序文件是质量管理体系的重要组成部分，是质量手册具体展开的有力支撑。质量管理体系程序可以是质量管理手册的一部分，也可以是质量手册的具体展开。质量管理体系程序文件的范围和详略程度取决于组织的规模、产品类型、过程的复杂程度、方法和相互作用以及人员素质等因素。对每个质量管理程序来说，都应视需要明确 6 个要素（5W1H）：何时（When）、何地（Where）、何人（Who）、做什么（What）、为什么（Why）、怎么做（How）。

（2）质量管理体系程序的内容。按 GB/T 9001—2000 标准的规定，质量管理程序至少应包括下列 6 个程序：①文件控制程序；②质量记录控制程序；③内部质量审核程序；④不合格控制程序；⑤纠正措施程序；⑥预防措施程序。

3. 质量计划

质量计划是对特定的项目、产品、过程或合同，规定由谁及何时应使用哪些程序相关资源的文件。质量手册和质量管理体系程序所规定的是各种产品都适用的通用要求和方法。但各种特定产品都有其特殊性，质量计划是一种工具，它将某产品、项目或合同的特定要求与现行的通用的质量管理体系程序相连接。

质量计划在企业内部作为一种管理方法，使产品的特殊质量要求能通过有效的措施得以满足。在合同情况下，组织使用质量计划向顾客证明其如何满足特定合同的特殊质量要求，并作为顾客实施质量监督的依据，产品（或项目）的质量计划是针对具体产品（或项目）的特殊要求，以及应重点控制的环节所编制的，对设计、采购、制造、检验、包装、运输等的质量控制方案。

4. 质量记录

质量记录是阐明所取得的结果或提供所完成活动的证据文件。它是产品质量水平和企业质量管理体系中各项质量活动结果的客观反映，应如实加以记录，以证明达到了合同所要求的产品质量，并证明对合同中提出的质量保证要求予以满足的程度。如果出现偏差，则质量记录应反映出针对不足之处采取了哪些纠正措施。质量记录应字迹清晰、内容完整，并按所记录的产品和项目进行标识，记录应注明日期并经授权人员签字、盖章或做其他审定后方能生效。

（三）质量管理体系的实施运行

为保证质量管理体系的有效运行，要做到两个到位：一是认识到位，二是管理考核到位。开展纠正与预防活动，充分发挥内审的作用是保证质量管理体系有效运行的重要环节。内审是由经过培训并取得内审资格的人员对质量管理体系的符合性及有效性进行验证的过程。对内审中发现的问题，要制定纠正及预防措施，进行质量的持续改进，内审作用发挥的好坏与贯标认证的实效有着重要的关系。

二、质量认证

（一）进行质量认证的意义

近年来，随着现代工业的发展和国际贸易的进一步增长，质量认证制度得到了世界各国的普遍重视。通过一个公正的第三方认证机构对产品或质量管理体系做出正确、可信的评价，从而使他们对产品质量建立信心，这种做法对供需双方以及整个社会都有十分重要的意义。

其意义具体为：①通过实施质量认证可以促进企业完善质量管理体系；②可以提高企业的信誉和市场竞争能力；③有利于保护供需双方的利益；④有利于国际市场的开拓，增加国际市场的竞争能力。

（二）质量认证的基本概念和表示方法

1. 质量认证的基本概念

质量认证是第三方依据程序对产品、过程或服务符合规定的要求给予书面保证（合格证书）。质量认证包括产品质量认证和质量管理体系认证两个方面。

（1）产品质量认证。产品质量认证按认证性质可分为安全认证和合格认证。

①安全认证。对于关系国计民生的重大产品，有关人身安全、健康的产品，必须实施安全认证。此外，实行安全认证的产品，必须符合《中华人民共和国标准化法》中有关强制性标准的要求。

②合格认证。凡实行合格认证的产品，必须符合《中华人民共和国标准化法》规定的国家标准或行业标准要求。

（2）质量管理体系认证。质量管理体系认证始于机电产品，由于产品类型由硬件拓宽到软件、流程性材料和服务领域，各行各业都可以按标准实施质量管理体系认证。从目前的情况来看，除涉及安全和健康的领域产品认证必不可少，在其他领域内，质量管理体系认证的作用要比产品认证的作用大得多，并且质量管理体系认证具有以下特征。

①由具有第三方公正地位的认证机构进行客观的评价，做出结论，若通过则颁发认证证书。审核人员要具有独立性和公正性，以确保认证工作客观公正地进行。

②认证的依据是质量管理体系的要求标准，即 GB/T 19001，而不能依据质量管理体系的业绩改进指南标准，即 GB/T 19004 来进行，更不能依据具体的产品质量标准进行。

③认证过程中的审核是围绕企业的质量管理体系要求的符合和满足质量要求及目标方面的有效性来进行的。

④认证的结论不是证明具体的产品是否符合相关的技术标准，而是质量管理体系是否符合 ISO 9001，即质量管理体系要求标准，从而保证产品质量。

⑤认证合格标志，只能用于宣传，不能将其用于具体的产品上。

2. 质量认证的表示方法

质量认证有两种表示方法，即认证证书和认证标志。

（1）认证证书（合格证书）。它是由认证机构颁发给企业的一种证明文件，它证明某项产品或服务符合特定标准或技术规范。

（2）认证标志（合格标志）。它是由认证机构设计并颁布的一种专用标志，用以证明某项产品或服务符合特定标准或规范。经认证机构批准，使用在每台（件）合格出厂的认证产品上。认证标志是质量标志，通过标志可以向购买者传递正确可靠的质量信息，帮助购买者识别认证的商品与非认证的商品，指导购买者购买自己满意的产品。认证标志有方圆标志、三角形标志、长城标志和 PRC 标志。

（三）质量管理体系认证的实施程序

1. 提出申请

申请单位向认证机构提出书面申请的程序如下。

（1）申请单位填写申请书及附件。附件的内容是向认证机构提供关于申请认证质量管理体系的质量保证能力情况，一般应包括：一份质量手册的副本，申请认证质量管理体系所覆盖的产品名录、简介，申请方的基本情况等。

（2）认证申请的审查与批准。认证机构收到申请方的正式申请后，将申请方的申请文件进行审查。审查的内容包括填报的各项内容是否完整正确，质量手册的内容是否覆盖了质量管理体系要求标准的内容等。经审查符合规定申请要求的，则决定接受申请，由认证机构向申请单位发出"接受申请通知书"，并通知申请方下一步与认证有关的工作安排，预交认证费用。若经审查不符合规定要求的，认证机构将及时与申请单位联系，要求申请单位做必要的补充或修改，符合规定后再发出"接受申请通知书"。

2. 认证机构进行审核

认证机构对申请单位的质量管理体系审核是质量管理体系认证的关键环节，其基本工作程序如下。

（1）文件审核。文件审核的主要对象是申请书的附件，即申请单位的质量手册及其他说明申请单位质量管理体系的材料。

（2）现场审核。现场审核的主要目的是通过查证质量手册的实际执行情况，对申请单位质量管理体系运行的有效性做出评价，判定是否真正具备满足认证标准的能力。

（3）提出审核报告。现场审核工作完成后，审核组要编写审核报告，审核报告是现场检查和评价结果的证明文件，并需经审核组全体成员签字，签字后报送审核机构。

3. 审批与注册发证

认证机构对审核组提出的审核报告进行全面的审查。经审查，若批准通过认证，则认证机构予以注册并颁发注册证书。若经审查，需要改进后方可批准通过认证，则由认证机构书面通知申请单位需要纠正的问题及完成修正的期限，到期再做必要的复查和评价，证明确实达到了规定的条件后，仍可批准认证并注册发证。经审查，若决定不予批准认证，则由认证机构书面通知申请单位，并说明不予通过的理由。

4. 获准认证后的监督管理

认证机构对获准认证的供方质量管理体系实施监督管理。这些管理工作包括供方通报、监督检查、认证注销、认证暂停、认证撤销、认证有效期的延长等。

5. 申诉

申请方、受审核方、获证方或其他方对认证机构的各项活动持有异议时，向其认证或上级主管部门提出申诉或向人民法院起诉。认证机构或其认可机构应对申诉及时做出处理。

第四章 人力资源管理导论

第一节 人力资源概述

一、人力资源的基本概念

按《辞海》的解释，资源是指"资财的来源"。从经济学角度看，资源是指为了创造财富而投入生产活动中的一切要素，并把资源划分为自然资源、资本资源、信息资源、人力资源和间接资源五大类。在人类经济活动的不同阶段，资源的重要性各不相同。在农业社会，人类的生产活动围绕土地进行，经济分配以土地的占有量为基础，劳动者的体力消耗和以土地为代表的自然资源的消耗促进了经济的发展；在工业社会，人们开始以使用机器的资源开采和制造业为中心的生产经营方式，自然资源和资本资源成为推动经济发展的主要因素；在信息时代和知识经济背景下，以知识为基础的产业上升为社会的主导产业，经济社会的发展依赖于信息的获取和知识的创造，信息资源和人力资源成为经济发展的重要推动因素。在当今竞争激烈的社会中，人力资源无疑成为推动社会经济发展的重要资源。

在学术上，"人力资源"最早是由美国著名的管理学家彼得·德鲁克于1954年在其著名的《管理实践》一书中提出来的。在该著作中，德鲁克引入了"人力资源"的概念，并且指出人力资源与其他所有资源相比，最重要的区别就是主体是人，并且是管理者必须考虑的具有"特殊资产"的资源，也是最有效使用的资源。

在国内，许多专家和学者对于人力资源也给出了明确的定义。如郑绍濂认为，人力资源是"能够推动整个经济和社会发展的、具有智力劳动和体力劳动能力的人们的总和"。

笔者认为，人力资源是指从事组织特定工作活动所需的并能被组织所利用的所有体力和脑力劳动的总和。它既包括现实的人力资源，即现在就可以使用的、由劳动适龄人口中除因病残而永久丧失劳动能力外的绝大多数适龄劳动人口和老年人口中具有一定劳动能力的人口构成的人力资源，也包括潜在的人力资源，即现在还不能使用但未来可使用的、主要由未成年人口组成的人力资源。

人力资源质量表现为以下几方面：①体力，即劳动力的身体素质，包括健康状况、营养状况以及耐力、力量、敏捷性等体能素质；②智力，即劳动力的智力素质，包括智力、记忆力、理解力、判断力、想象力及逻辑思维能力等；③知识技能，即劳动者的文化知识素质，它以教育程度、技能水平等来衡量；④劳动态度，即劳动者的劳动价值观及职业道德，如劳动动机、劳动态度、劳动责任心等。

人力资源数量和质量是密切相关的两个方面，一个国家和地区的人力资源丰富程度不仅要用数量来计量，而且要用质量来评价。对一个企业而言，人力资源的数量是基础，质量是关键。企业需要在人力资源规模上谋求一定的规模效益，但在规模达到一定程度之后要把着力点迅速转移到提高人力资源的质量上来。尤其在当今知识经济背景下，人力资源的质量远比数量重要。人力资源的质量对于数量有较强的替代性，而数量对于质量的替代作用则较弱，有时甚至无法替代。

相比于世界上其他国家，我国拥有庞大的人力资源数量，但在质量上还有待提高。随着信息时代和知识经济的到来，社会经济的发展对于人力资源的质量提出了更高的要求。我国应当加大对教育的投入，不断提高国民的基本素质和知识技能水平，以应对国际竞争与挑战。

二、人力资源与其他相关概念的关系

人力资源概念与人口资源、劳动力资源和人才资源等概念相关。

人口资源是指一个国家或地区的人口总体，它是其他有关人力资源的基础，表现为一个数量概念。

劳动力资源是指一个国家或地区具有劳动能力并在劳动年龄范围内的人口总和，即人口资源中拥有劳动能力并在法定劳动年龄段的那一部分。

人才资源是指一个国家或地区中具有较强的专业技术能力、创造能力、管理能力和研究能力的人的总称，它是人力资源中的高端人群。

相比之下，人力资源强调人们所具有的劳动能力，它超过了劳动力的资源范围，涵盖了全部人口中所有具有劳动力的人口，包括现实的和潜在的劳动力资源。

人口资源、人力资源、劳动力资源和人才资源四者之间存在包含关系和数量关系，人口资源和劳动力资源侧重人的数量和劳动者数量，人才资源突出人口的质量，而人力资源强调人口数量和质量的统一。

三、人力资源的基本特征

人本身所具有的生物性、能动性、智力性和社会性决定了人力资源具有以下基本特征。

（一）人力资源的能动性

人力资源的首要特征是能动性，是与其他一切资源最本质的区别。一切经济活动首先都是人的活动，由人的活动才引发、控制、带动了其他资源的活动。自然资源、物质资源等在被开发的过程中完全处于被动的地位，而人力资源的开发与利用，是通过自身的活动来完成的，具有能动性。这种能动性主要表现在人们的自我强化、选择职业和劳动的积极性等方面。人的自我强化是指人通过学习能够提高自身的素质和能力，可以通过努力学习、锻炼身体等自身积极行为，使自己获得更强的劳动能力。人力资源通过市场来调节，选择职业是人力资源主动与其他资源结合的过程。积极劳动或劳动积极性的发挥是人力资源发挥潜能的决定性因素。因此，开发和管理人力资源不仅要关注数量、质量等外在特性问题，也要重视如何调动人的主观能动性，发挥人的劳动积极性问题。

（二）人力资源的再生性

经济资源分为可再生性资源和非再生性资源两大类。非再生性资源最典型的是矿藏（如煤矿、金矿、铁矿、石油等），每开发和使用一批，其总量就减少一批，绝不能凭借自身的机制加以恢复。对于可再生性资源，如森林在开发和使用过后，只要保持必要的条件，可以再生，能够保持资源一定的数量。人力资源也具有再生性，它基于人口的再生产和劳动力的再生产，通过人口总体内个体的不断更替和"劳动力耗费—劳动力生产—劳动力再次耗费—劳动力再次生产"的过程得以实现。同时，人的知识与技能陈旧、老化也可以通过培训和再学习等手段得到更新。当然，人力资源的再生性不同于一般生物资源的再生性，除了遵守一般生物学规律，它还受人类意识的支配和人类活动的影响。从这个意义上来说，人力资源要实现自我补偿、自我更新、持续开发，就要求人力资源的开发与管理注重终身教育，加强后期的培训与开发。

（三）人力资源的角色两重性

人力资源既是投资的结果，又能创造财富；既是生产者，又是消费者，具有角色两重性。人力资源的投资来源于个人和社会两个方面，包括教育培训、卫生健康等。

人力资源质量的高低取决于投资的程度。人力资源投资是一种消费行为，并且这种消费行为是必需的，高于人力资本的收益。研究证明，人力资源的投资具有高增值性，无论从社会还是从个人角度看，都远远大于对其他资源投资所产生的收益。

（四）人力资源的社会性

人处在一定的社会之中，人力资源的形成、配置、利用、开发是通过社会分工来完成的，是以社会的存在为前提条件的。人力资源的社会性主要表现为人与人之间的交往及由此产生的千丝万缕的联系。人力资源开发的核心在于提高个体的素质，因为每一个个体素质的提高必将形成高水平的人力资源质量。但是，在现代社会中，在高度社会化大生产的条件下，个体要通过一定的群体来发挥作用。合理的群体组织结构有助于个体的成长及高效地发挥作用，不合理的群体组织结构则会对个体构成压制。群体组织结构在很大程度上又取决于社会环境，社会环境构成了人力资源的大背景，它通过群体组织直接或间接地影响人力资源开发，这就给人力资源管理提出了要求：既要注重人与人、人与团体、人与社会的关系协调，又要注重组织中团队建设的重要性。

第二节　人力资源管理概述

一、人力资源管理的含义

人力资源管理作为企业的一种职能性管理活动的提出，最早源于工业关系和社会关系。社会学家怀特·巴克于1958年发表了《人力资源功能》一书。该书首次将人力资源管理作为管理的普遍职能来加以讨论。美国著名的人力资源管理专家诺伊等在其《人力资源管理：赢得竞争优势》一书中提出，人力资源管理是指影响雇员的行为、态度以及绩效的各种政策、管理实践以及制度。美国的舒勒等在《管理人力资源》一书中提出，人力资源管理是采用一系列管理活动来保证对人力资源进行有效的管理，其目的是实现个人、社会和企业的利益。加里·德斯勒在《人力资源管理》一书中提出，人力资源管理是为了完成管理工作中涉及人或人事方面的任务所需要掌握的各种概念和技术。迈克·比尔则提出人力资源管理包括影响公司和雇员之间关系的（人力资源）所有管理决策和行为。

综上界定，人力资源管理是指根据企业发展战略的要求，有计划地对人力资源进行合理配置，通过对企业中员工的招聘、培训、使用、考核、激励、调整等一系列过程，调动员工的积极性，发挥员工的潜能，为企业创造价值，确保企业战略目标的实现。这些活动主要包括企业人力资源战略的制定、员工的招募与选拔、培训与开发、绩效管理、薪酬管理、员工流动管理、员工关系管理、员工安全与健康管理等。人力资源管理的内涵包括以下内容：一是任何形式的人力资源开发与管理都是为了实现一定的目标，如个人家庭投资的预期收益最大化、企业经营效益最大化及社会人力资源配置最优化。二是人力资源管理只有充分有效地运用计划、组织、指挥、协调和控制等现代管理手段才能达到人力资源管理目标。三是人力资源管理主要研究人与人关系的利益调整、个人的利益取舍、人与事的配合、人力资源潜力的开发、工作效率和效益的提高以及实现人力资源管理效益的相关理论、方法、工具和技术。四是人力资源管理不是单一的管理行为，必须将相关管理手段相互配合才能取得理想的效果。

人力资源管理的基本任务是根据企业发展战略要求，吸引、保留、激励、开发企业所需人力资源，促成企业目标实现，从而使企业在市场竞争中得以生存和发展。具体表现为求才、用才、育才、激才、护才和留才。

二、人力资源管理的功能

人力资源管理是以人为对象的管理，在某种意义和程度上，至少涉及以下5种功能。

（1）获取，根据组织目标，确认组织的工作要求及人数等条件，从而进行规划、招聘、考试、测评、选拔与委派。

（2）整合，通过企业文化、价值观和技能的培训，对已有员工进行有效整合，从而达到动态优化配置的目的，并致力于从事人的潜能的开发活动。

（3）保持，通过一系列薪酬、考核和晋升等管理活动，保持企业员工的稳定和有效工作的积极性以及安全健康的工作环境，提升其满意感，从而使其安心和满意地工作。

（4）评价，对员工工作表现、潜质和工作绩效进行评定和考核，为对其做出相应的奖惩、升降和去留等决策提供依据。

（5）发展，通过员工培训、工作丰富化、职业生涯规划与开发，促进员工的知识、技能和其他方面素质的提高，使其劳动能力得到发挥和提高，最大限度地实现其个人价值，达到员工个人和企业共同发展的目的。

三、人力资源管理的特征

从人力资源管理的含义可以看出，人力资源管理具有以下几个明显的特征。

（1）综合性，人力资源管理是一门综合性的学科，需要考虑多种因素，如经济、政治、文化、组织、心理、生理、民族等。它涉及经济学、系统学、社会学、人类学、心理学、管理学、组织行为学等多种学科。

（2）实践性，人力资源管理的理论来源于实际生活中对人的管理，是对这些经验的概括和总结，是现代社会化大生产高度发达，市场竞争全球化、白热化的产物。应该从我国实际出发，借鉴发达国家人力资源管理的研究经验，解决我国人力资源管理的实际问题。

（3）民族性，人的行为深受其思想观念和感情的影响，而人的思想观念和感情则受到民族文化的制约。因此，人力资源管理带有鲜明的民族特色。

（4）社会性，作为宏观文化环境的一部分，社会制度是民族文化之外的另一个重要因素。在影响劳动者工作积极性和工作效率的各因素中，生产关系和意识形态是两个重要因素，而它们都与社会制度密切相关。

（5）发展性，任何一种理论的形成都要经历一个漫长的时期，各个学科都不是封闭的、停滞的体系，而是开放的、发展的认识体系。随着其他相关学科的发展及人力资源管理学科本身不断出现新问题、新思想，人力资源管理正在进入一个蓬勃发展的时期。

第三节　人力资源管理的渊源和演变

一、人力资源管理的渊源

人力资源管理源于人事管理，而人事管理的起源则可以追溯到非常久远的年代。18世纪末，瓦特蒸汽机的发明与推广引发了工业革命，改变了以前家族制和手工业行会制的生产方式，并出现大量的实行新工厂制度的企业。这些企业在日益激烈的竞争环境中发展壮大，成为19世纪初的时代特色。竞争与发展要求这些企业进一步扩大规模，但制约扩大规模的主要瓶颈却是企业主以前从未遇到过的劳工问题。其产生的主要原因在于当时人们不喜欢也不习惯于工厂的劳动方式。工厂工作很单一，一年到头都要按时上下班，接受新的监督制度和按机械速度劳动，以及时时刻刻都要全神贯注等。这导致企业很难找到足够的工人，尤其是技术人员。上述劳动问题的出现导致福利人事概念的形成和发展。所谓福利人事，即由企业单方面提供或赞助的，旨在改善企业员工及其家庭成员的工作与生活的一系列活动和措施。

同样关注劳工问题的泰勒认为，劳动组织方式和报酬体系是生产率问题的根本所在。他呼吁劳资双方都要进行一次全面的思想革命，以和平代替冲突，以合作代替争论，以齐心协力代替相互对立，以相互信任代替猜疑戒备。他建议劳资双方都将注意力从盈余分配转到盈余增加上，通过盈余增加，使劳资双方不再为如何分配而争吵。为此，泰勒提出了科学管理原则。泰勒的科学管理思想对人事管理概念的产生具有举足轻重的影响。

一方面，它引起了人们对人事管理的关注，并推动了人事管理职能的发展。另一方面，科学管理宣扬管理分工，从而为人事管理职能的独立提供了依据和范例。福利人事与科学管理的融合使人们认识到，过去由一线管理人员直接负责招聘、挑选任命、培养、绩效考核、薪酬、奖励等工作的做法，已经不能适应企业组织规模扩大的现实。企业要做好对人的管理这项工作，必须要有相应的专业人士，这为人事管理作为参谋部门而非直线部门的出现奠定了基础。

二、人事管理的演进

早期关于人事管理的论文经常发表在《年报》和《管理杂志》这两本杂志上。1916 年，《年报》出版专刊讨论了"工业管理中的人事和雇佣问题"。第一本以《人事管理》为书名的教科书出版于 1920 年。

20 世纪 30 年代的霍桑实验为人事管理的发展开拓了新的方向。霍桑实验证明，员工的生产率不仅受到工作设计和员工报酬的影响，而且受到社会和心理因素的影响。因此，有关工作中人的假设发生了变化，工业社会学、工业关系学、人际关系学和组织行为学等新学科应运而生，推动了人事管理的迅速发展。主要表现在以下几个方面。

工业社会学将企业作为一个社会系统，研究组织化的员工问题，并强调社会相互作用，要求在各个组成部分之间保持平衡。当这一思想被运用于人事管理领域时，员工参与、工会与管理层合作、员工代表计划等便进入了人事管理研究者与实践者的视野。

工业关系学认为，管理层与工人在关于如何分配由先进的技术化社会所创造的盈余上存在必然的矛盾，而这种工业化冲突的解决不在于人际关系，而在于克服管理层和有组织的工人之间的利益和意识形态上的冲突，工业化的和谐只有通过集体的讨价还价以及专业的工业关系专家参与才可能实现。因此，工业关系专家登上了人事管理的舞台，化解劳资冲突、集体谈判等成为人事管理的职责。

人际关系学以管理应该更多地关心人而不是关心生产力为核心观点，强调管理的社会和人际技能而不是技术技能，强调通过团体和社会团结来重建人们的归属感，强调通过工会、参与领导以及将工厂中的正式组织与非正式组织集合起来使权力平均化。沟通成为人事管理的主要任务和必备技能，员工满意度成为衡量人事管理工作的重要标准。

组织行为学是在人际关系学的基础上形成的管理科学中的一门学科。它着眼于一定组织中的行为研究，重视人际关系、人的需要、人的作用和人力资源的开发利用。这一学科的出现对管理科学的发展产生了重要的影响，使其由以"事"与"物"为中心的管理发展到以"人"为中心的管理；由靠监督与纪律的管理发展到动机激发、行为引导的管理；由独裁式管理发展到参与式管理。它的应用成果得到了普遍的重视。进入 20 世纪六七十年代，西方涉及人事和工作场所的相关立法急剧增加，并且立法的关注点也从工会与管理层间的问题转向了员工关系。随着各项法律的出台，企业很快意识到，卷入与员工或雇佣有关的司法诉讼的花费巨大。于是，大量的律师走进了人事部，以规范直线经理管理行为的合法性，尽可能地为企业避免司法诉讼，承担起直接处理有关司法诉讼等人事管理的新职能。

20 世纪 80 年代是组织持续而快速变革的时代，杠杆收购、兼并、剥离等事件层出不穷，人事管理也进入了企业更高的层次，从关注员工道德、工作满意度转变为关注组织的有效性。高级的人事主管开始参与、讨论有关企业未来的发展方向、战略目标等问题，工作生活质量、工作团队组织、组织文化等成为人事管理的重要内容。

三、人力资源管理的发展与成熟

（一）西方人力资源管理的发展历史

西方学者对人力资源管理的发展阶段进行了深入的研究，提出了各自的观点。典型的理论包括六阶段论、五阶段论、三阶段论和二阶段论，它们从不同的角度揭示了人力资源管理渐进发展的历史。

1. 六阶段论

以美国华盛顿大学的弗伦奇（MLFrench）为代表，从管理的历史背景出发，将人力资源管理的发展划分为六个阶段。

第一阶段：科学管理运动阶段。这一阶段以泰勒（Taylor）和吉尔布宙斯（Gilhreth）夫妇为代表，关注重点主要是工作分析、人员选拔、培训和报酬方案的制订以及管理者职责的划分。

第二阶段：工业福利运动阶段。在此阶段，企业出现了福利部，设有社会秘书或福利秘书专门负责员工福利方案的制订和实施，员工的待遇和报酬问题成为管理者关心的重要问题。

第三阶段：早期工业心理学阶段。这一阶段是以心理学家雨果·芒斯特伯格等人为代表的心理学家的研究成果，推动了人事管理工作的科学化进程。个人心理特点与工作绩效关系的研究、人员选拔预测效度的提出使人事管理开始步入科学化的轨道。

第四阶段：人际关系运动阶段。这一阶段的代表是梅奥等人，由他们发起的以霍桑实验为起源的人际关系运动掀起了整个管理学界的革命，也影响了人力资源管理。人力资源管理开始由以工作为中心转变为以人为中心，把人和组织看成社会系统。此阶段强调组织要理解员工的需要，这样才能让员工满意并提高生产效率。20世纪三四十年代，美国企业管理界流行着一种"爱畜理论"，在爱畜牛奶公司的广告中说爱畜来自愉快的奶牛，因此品质优良。研究人员认为愉快的员工的生产效率会比较高，于是公司用郊游和员工餐厅等办法来试图改善员工的社会环境，提高士气，从而提高生产效率。

第五阶段：劳工运动阶段。雇佣者与被雇佣者的关系一直是人力资源管理的重要内容之一。从1842年美国马萨诸塞州最高法院对劳工争议案的判决开始，美国的工会运动快速发展；1869年就形成了全国的网络；1886年，美国劳工联合会成立；大萧条时期，工会也处于低潮；到1835年美国劳工法案，即瓦格纳法案（WagnerAct）的颁布，工会才重新兴盛起来。罢工现象此起彼伏，缩短工时、提高待遇的呼声越来越高，出现了集体谈判。到20世纪六七十年代，美国联邦政府和州政府连续颁布了一系列关于劳动和工人权利的法案，促进了劳工运动的发展，人力资源管理成为法律敏感行业。对工人权益的重视成为组织内部人力资源管理的首要任务。

第六阶段：行为科学与组织理论时代。进入20世纪80年代，组织管理的特点发生了变化，人的管理成为主要任务。从单个的人到组织，把个人放在组织中进行管理，强调文化和团队的作用，成为人力资源管理的新特征。

2. 五阶段论

以罗兰（K.M.Rowland）和菲利斯（G.R.Ferris）为代表的学者则从管理发展的历史角度将人力资源管理的发展划分为五个阶段。

第一阶段：工业革命时代。

第二阶段：科学管理时代。

第三阶段：工业心理时代。

第四阶段：人际关系时代。

第五阶段：工作生活质量时代。

五阶段论中关于前四个阶段的划分与六阶段论是一样的。此观点的独特之处是把工作生活质量作为一个独立的阶段提出来。工作生活质量一般有两种含义：一种是指一系列客观的组织条件及其实践，包括工作的多样化、工作的民主性、员工参与、工作的安全性等；另一种是指员工工作后产生的安全感、满意程度以及自身的成就感和发展感。第一种含义主要强调工作的客观状态；第二种含义主要强调员工的主观需要。将这两种含义结合起来，工作生活质量是指员工在工作中所产生的生理和心理健康的感觉。美国的一项调查研究表明，在辞职的打字员中，有 60% 是由于工作枯燥无聊，而不是因为工作任务繁重而辞职的。影响工作生活质量的因素有很多，为了提高员工的工作生活质量，企业可以采取一系列措施。

3. 三阶段论

这种观点的代表是福姆布龙、蒂奇和德兰纳，他们从人力资源管理所扮演的角色和所起的作用这一角度把人力资源管理的发展划分为三个阶段。

第一阶段：操作性角色阶段。在此阶段，人力资源管理的内容主要是一些简单的事务性工作，在管理中发挥的作用并不是很明显。

第二阶段：管理性角色阶段。人力资源管理在这一阶段开始成为企业职能管理的一部分，承担着相对独立的管理任务和职责。

第三阶段：战略性角色阶段。随着竞争的加剧，人力资源在企业中的作用越来越重要，人力资源管理开始被纳入企业的战略层次，要求从企业战略的角度来思考人力资源管理的相关问题。

4. 二阶段论

国内学者从人事管理和现代人力资源管理之间的差异性角度，将人力资源管理的发展历史划分为人事管理和人力资源管理两个阶段。

第一阶段：人事管理阶段。人事管理阶段又可具体分为以下几个阶段：科学管理阶段；霍桑实验和人际关系运动阶段；组织行为学理论的早期发展阶段。

第二阶段：人力资源管理阶段。人力资源管理是作为替代传统的人事管理的概念提出来的，它强调将人看作组织中一种重要资源来探讨如何对人力资源进行管理和控制，以提高人力资源的生产效率，帮助组织实现目标。人力资源管理阶段又可分为人力资源管理的提出和人力资源管理的发展两个阶段。对人力资源管理的发展阶段进行划分，目的并不在于这些阶段的本身，而是要借助这些阶段来把握人力资源，管理整个发展脉络，从而更加深入地理解它。因此，对于阶段的划分并没有绝对的标准和绝对的对错。

（二）我国人力资源管理的发展历史

自中华人民共和国成立以来，我国企业管理发展经历了计划经济、经济改革两大发展阶段。人力资源管理的发展是从单一计划体制下的人事管理到目前多种所有制并存的人力资源管理，可以分为四个发展阶段。

1. 人事管理阶段

中华人民共和国成立以后，我国确定了计划经济的经济体制。为了与经济体制相适应，实行"统包统配"的就业制度，企业没有用人的自主权，不能自行招聘所需的人员；人员只进不出，没有形成正常的退出机制；在企业内部，对员工没有考核，大家干好干坏都一样，干多干少都一样；工资分配中存在严重的平均主义，与工作业绩和工作岗位没有任何关系。在此阶段，人事管理的主要内容是一些流程性的事务性工作，如员工人事档案管理、招工录用、劳动纪律、考勤、职称评定、离职退休、计发工资等。企业人事部完全服务于国家的政策，负责国家有关政策的落实。内部听命于厂长或经理，外部听命于政策部门，工作技术含量很低。人事主管充其量是一个高级的办事员的论断由此得来。

2. 人力资源管理阶段

自党的十一届三中全会，尤其是改革开放以来，随着我国经济体制改革的不断深化，国有企业的劳动人事也在不断进步。1979年，国务院颁发了《关于扩大国营工业企业经营自主权的若干规定》（以下简称《规定》），重新规定了企业人事管理的职责权限范围。《规定》指出，允许企业根据生产需要和精简效能的原则决定自己的机构设置和人员配备；企业有权根据国家下达的劳动指标进行招工，进行岗前培训；企业有权对成绩优异、贡献突出的职工给予奖励；企业有权对严重违反劳动纪律的职工给予处分，甚至辞退。随着这些规定的落实，企业在用人方面有了更大的权限，正常的人员进出渠道逐渐形成；劳动人事管理制度逐渐完善，劳动定额管理、定员定编管理、技术职称评聘、岗位责任制等在企业中广泛推广；工资管理规范化，打破了分配的平均主义，增强了工资的激励作用。所有这些都表明，我国企业的人力资源管理工作发生了巨大的变化，已经初步具备了人力资源管理的某些功能和作用。

3. 人力资本阶段

在管理理念上将员工看成资本，认为进入企业的人力已经是资本，不再是资源；在发展观上，完成了以物为本向以人为本的转变。此阶段的人力资源管理从追求数量转到追求质量。人力资源管理工作的重心转移到员工的绩效管理、建立现代薪酬体系、营造良好的工作氛围和优秀的企业文化环境等方面，并开始考虑整合企业人力资源。通过工作分析和人才盘点，更加合理地配置企业人力资源；通过加大培训力度，提高了员工的工作技能和绩效能力；通过改革和优化薪酬体系，使之更有激励性，提高了人力资本的投资收益比率。人力资源经理秉持人力资本理念，在企业里倡导和培养重视人才、开发人才、有效配置人才、激励人才的观念，带动整个企业人才观的转变，自身也向人力资源专家的方向迈进。

4.战略人力资源管理阶段

随着知识经济和全球化时代的到来、经营环境不确定性的加强，以及企业竞争的加剧，人才的作用越来越重要，企业对人才的争夺战也愈演愈烈。人才成为企业竞争的核心，也成为企业核心竞争力的来源。在此条件下，企业人力资源管理就需要与企业战略密切结合，更好地服务于企业战略的实现。基于此，人力资源经理进入了企业的决策层，以专家顾问和战略合作伙伴的身份出现，参与决策，推动变革，使人力资源管理上升到战略人力资源管理阶段。

（三）人力资源管理的未来发展趋势

21 世纪人类社会进入有史以来科技、经济和社会快速发展的时期。高新技术迅猛发展，信息网络快速普及，对于所有的国家、民族和企业来说，既是一次难得的机遇，更是一场严峻的挑战，知识经济将改变每一个现代人的观念和意识。

1.人力资源管理的地位日趋重要

现代企业经营战略的实质就是在特定的环境下，为实现预定的目标而有效运用包括人力资源在内的各种资源的策略，有效的人力资源管理将促进员工积极参与企业经营目标和战略，并把它们与个人目标结合起来，达到企业与员工双赢的状态。因此，人力资源管理将成为企业战略规划及战略管理不可分割的组成部分，而不再只是战略规划的执行过程，人力资源管理的战略性更加明显。

2.人力资源管理的全球化与跨文化管理

组织的全球化必然要求人力资源管理策略的全球化、人才流动的国际化，也就是说，企业要以全球的视野来选拔人才、看待人才的流动。尤其是加入 WTO 后，我国所面对的是人才流动的国际化以及无国界。经济全球化、组织的全球化必然带来管理的文化差异和文化管理问题，跨文化的人力资源管理已成为人力资源领域的热点问题，跨文化培训是解决这一问题的主要工具。

3.动态化人力资源管理平台得到长远发展

随着全球化、信息化，尤其是网络化的发展，动态化网络人力资源管理已经出现并将成为未来人力资源管理的重要发展趋势。随着动态学习组织的发展，通过互联网来进行的组织职业开发活动将越来越多，大量的人力资源管理业务，如网络引智与网络招聘、网络员工培训、网络劳动关系管理等将会成为现实。网络化人力资源管理的开展必将在管理思想、管理职能、管理流程及管理模式上对传统人力资源管理产生重大影响，使人力资源管理面临日趋激烈的竞争，人力资源管理的空间被极大拓展，人力资源管理的网络化竞争变得日趋激烈，人力资源管理的途径、方法和策略也随之进行必要的变革。

4. 员工客户化的趋势

员工客户化的关键是员工角色的变化，即员工不再是传统意义上的被管理对象，他们可能变成组织的重要客户。人力资源管理部经理也随之转变为"客户经理"，即为员工提供他们所需的各类服务，如具体而详尽地向员工说明组织的人力资源产品和服务方案，努力使员工接受组织的人力资源产品和服务。人力资源管理者要为员工提供富有竞争力的薪酬回报和多元化的价值分享体系，并且要给员工更大的自主选择权，使员工能够自主性工作，满足员工参与管理的主体意识。在管理措施方面，要为员工的发展和成长提供更多的支持和帮助。

5. 人力资源管理业务的外包和派遣

人力资源管理业务外包是指把原来由组织内部人力资源承担的基本职能，通过招标方，签约付费委托给市场上专门从事相关服务的组织。在经济全球化的冲击下，组织出于降低成本、希望获得商家的高级服务、获得更为广泛的信息以及促进组织人力资源管理的提升等目的，将人力资源管理业务进行外包。目前，人力资源管理业务外包仍处于动态的发展过程中，并呈现以下发展趋势：一是人力资源管理业务外包领域不断扩展，从单项业务的外包发展到多项业务的外包；二是组织聘请专家顾问提供人力资源管理业务外包服务，提高了外包业务的专业水平；三是外包服务商、咨询公司逐步结成业务联盟，并力图垄断高级人力资源管理的外包业务；四是以人力资源管理业务外包强化组织竞争优势，并促进外包业务朝着全球化方向发展。

人力资源管理业务派遣又称为人力资源租赁，是指由人力资源服务机构向某些需要相关服务的组织提供需要的人力资源管理业务，尤其是急需的各类人才及人力资源管理服务等。人力资源管理业务派遣与人力资源管理业务外包发展趋势密切相关。如果说"业务外包"是一种主动需求人力资源管理服务的市场活动，那么"业务派遣"则是一种主动提供人力资源管理服务的市场活动，外包与派遣具有对象的互补关系。

目前，人力资源管理业务派遣存在如何在政策、法律和制度层面进行规范管理，加强派遣机构人员的专业化建设，提升派遣服务人员的素质，建立派遣认证体系，规范收费标准，协调人力资源管理业务外包机构与派遣机构之间关系等诸多问题。

第四节　现代人力资源管理与传统人事管理

传统人事管理指的是对人事关系的管理，一般是指人事部门作为组织内的职能部门所从事的日常事务性工作。人事管理过程包括"进、管、出"三个环节。人的调进调出被认为是传统人事管理的中心内容。

现代人力资源管理是指为了完成组织管理工作和总体目标，对人力资源的取得、开发、利用和保持等方面进行管理，以影响员工态度、行为和绩效，充分发挥人的潜能，提高工作效率，使人力、物力保持最佳比例，主要工作内容就是吸引、保留、激励和开发组织所需要的人力资源。

一、人事管理和人力资源管理的相同点

现代的人力资源管理是从人事管理发展而来的，两者之间有着一些相同之处。

（1）管理对象相同。两者都是对人的管理，具体来说是对人与人、人与事关系的管理。

（2）管理目的相同。两者都以组织目标的实现为目的，力求实现人、财、物的最佳配合。

（3）管理的某些内容相同。两者都涉及招聘录用、培训考勤、职务升降、考核奖惩、绩效管理、工资福利、档案管理、劳动关系和劳动合同等方面的管理。

（4）管理的某些方法相同。两者在管理的过程中都会涉及制度、纪律、奖惩、培训等具体方法。

二、传统人事管理与人力资源管理的区别

现代的人力资源管理与传统人事管理在多个方面有所不同，主要体现在以下几个方面。

（1）管理理念不同。传统的人事管理视人力为成本，同时人事部门属于非生产和非效益部门，不讲投入产出，成本意识淡薄。人力资源管理理论认为，人力资源是一切资源中最宝贵的资源，经过开发的人力资源可以增值，能给组织带来巨大的利润。人力资源管理部门则逐步变为生产部门和效益部门，讲究投入和产出，生产的产品就是合格的人才、人与事的匹配，追求的效益既包括人才效益、经济效益和社会效益的统一，还包括近期效益和远期效益的统一。

（2）管理内容不同。传统的人事管理以事为中心，主要工作就是管理档案、人员调配、职务职称变动、工资调整等具体的事务性工作。即从事"发发工资，写写材料（档案、内勤、统计），调调配配，进进出出（员工招聘、补缺、离退休）"的日常工作。人力资源管理则以人为中心，将人作为一种重要资源并加以开发、利用和管理，重点

是开发人的潜能、激发人的活力，使员工能积极、主动、创造性地开展工作。

（3）管理方式不同。传统的人事管理主要采取制度控制和物质刺激手段。人力资源管理采取人性化管理，考虑人的情感、自尊与需求，以人为本，激励为主、惩罚为辅，多授权少命令，发挥每个人的特长，体现每个人的价值。

（4）管理策略不同。传统的人事管理侧重于近期或当前人事工作，就事论事，注于眼前，缺乏长远思考，属于战术性管理。人力资源管理不仅注重近期或当前具体事宜的解决，更注重人力资源的整体开发、预测与规划。根据组织的长远目标，制定人力资源的开发战略措施，属于战术与战略性相结合的管理。

（5）管理技术。传统的人事管理照章办事，机械呆板，技术单一。人力资源管理追求科学性和艺术性，不断采用新的技术和方法，完善考核系统、测评系统等科学手段。

三、人力资源管理的学科特点

（一）综合性

人力资源管理是一门相当复杂的综合性的学科，具有综合性、交叉性、边缘性的特点。无论是进行学术研究还是实际的管理实践活动，都要涉及社会学、人类学、经济学、管理学、系统学、心理学和环境工程学等多种学科的知识。

（二）社会性

人力资源的社会性、能动性等特点决定了人们之间在共同的有目的的活动中，不仅具有市场经济关系和社会心理关系，也具有法律和道德关系，这些关系不仅是以社会心理为基础，更是以经济和社会利益、责任、权利为纽带而联系起来的。因此，在共同劳动过程中的人，作为社会的一分子，必须遵守社会与组织的契约法律和道义，以保证这些关系的稳定并促进其改善。

第五节　人力资源管理面临的挑战与发展趋势

一、新形势下人力资源管理面临的挑战

21 世纪，随着全球化、新技术、成本抑制和变革管理的急剧发展，我国的人力资

源管理面临着机遇和挑战。在当前新的形势下面临以下几个方面。

（一）科技革命与知识社会

美国未来学家托夫勒认为，就知识增长的速度而言，今天出生的小孩到大学毕业时，世界上的知识总量将增加4倍。在现代社会，每一个人都将面临知识和技能的过时、大量的未知的知识、适应新知识和技术、知识和技术的不断更新、终身教育等。

（二）信息社会中劳动与职业的变化

科学技术的发展将人类带入了信息社会。那种传统的和狭隘的职业培训已变得过时，只有基础扎实、适应能力强，才能适应动态社会的要求。

（三）人口增长和变化

人口的增长是目前大多数国家所面临的问题。在许多国家，出现了人口老龄化的趋势。考虑到成人人口增加、平均寿命延长，社会老龄化问题对人力资源的开发也提出了新的要求。人力资源开发与培训的任务十分艰巨。

（四）经济对人力资源开发的挑战

近年来，人们对教育、人力资源开发与经济的相互作用有了较清楚的认识。人们已经普遍认识到，人力资源开发的前景受到经济状况的影响。

二、人力资源管理的发展趋势

随着国际社会对人力资源开发战略地位认识的不断强化、人力资源发展理论研究的不断深化，以及人力资源发展工作在世界范围内的不断展开，在世界范围内，人力资源的发展出现了一些新的发展趋势。

（一）人力资源投资观念的确立

人力资源开发投资的增强。人力资源作为一种经济性资源，具有资本属性，又与一般的资本不同。它作为一种资本性资源，与一般的物资资本有共同之处。

（二）终身学习和培训的确立

在当今世界，知识、技能、价值观变化的速度越来越快。学习和培训已经不是人生某个阶段的事情。

（三）培训教育的制度化与法制化

在全球范围内兴起的"人力资本投资"和"终身教育"等现代人力资源开发观念的影响下，培训教育作为社会发展战略的一个有机组成部分正在被越来越多的国家纳入法制化与制度化的轨道。

（四）学习性组织的建立

现在越来越多的人强调并倡导建立学习性组织，托宾认为学习性组织意味着组织中的每一个人都是学习者；组织中的每一个人彼此相互学习；强调学习的持续性。

（五）培训形式与方式的多样化

在培训方式、方法上，无论是公共组织还是私营组织，皆本着学用一致、按需施教、讲求实效的原则，呈多元化的发展趋向。

（六）培训的信息化与手段的现代化

随着科学技术的发展，科学技术对教育培训的影响越来越大。其中信息处理技术在教育培训中的应用促使教育培训具有更好的前景。

（七）培训教育的国际化

从 20 世纪 60 年代后期到 70 年代初期，国际政治、经济的一体化不断发展，科学技术的发展使全世界在时间和空间上的距离缩短，信息畅通无阻，培训日益国际化。

（八）人力资源发展培训的职业化

如今，随着培训作为实现各种发展目标和组织目的的强有力手段被人们的普遍接受，以及培训活动的广泛展开，培训的职能在公、私组织中日益专门化，培训工作日趋职业化。

针对人力资源开发面临的挑战与困难，提出以下对策与建议：积极构建学习型社会。随着工作的日益复杂，许多工作方式发生变化，人们如果不能适应知识经济时代的要求，不断地更新和丰富自己的知识结构，就可能成为社会发展的负担，产生结构性问题。在这种形势下，构建学习型社会，推动终身学习已成为社会和经济发展的必然趋势和必然选择。增强学员的学习力，强调"教是为了不教"的教育思想。"教是为了不教"是我国现代著名的教育家叶圣陶先生提出的教育思想，是培养人全面发展的智慧宝库。这里，"教"是手段，"不教"是目的。"不教"就是"不须教"，指学生具备了较强的自我教育能力，能自觉地丰富和完善自己。在知识经济年代，知识的更新速度加快，社会变化纷繁复杂，科技发展日新月异，社会发展不断对人才提出新的要求。赋予持续教育、职业教育与普通学历证书同等地位，增强吸引力。针对我国目前就业人口的低学历、低技能问题，必须赋予持续教育与普通学历证书同等地位，课程可相互衔接，以便大大增强持续教育的吸引力。

第五章　企业战略管理与人力资源战略管理

第一节　企业战略管理

一、企业战略管理的内涵

企业战略管理是指企业为了长期的生存和发展，在充分分析企业内部条件和外部环境的基础上，制定、实施和评价以达到长期发展目标的动态管理过程。

不同类型的企业战略在内容上有各自的特色，其基本的内容主要有以下几点。

（1）高层管理人员必须确定本企业的使命、愿景和企业的价值观，并在此基础上确定企业的战略方向。

（2）将确定的企业战略方向转化为战略目标及实现目标的规划、项目及程序。

（3）各职能部门和生产经营单位将战略目标转化为具体的、为实现绩效目标的行动。

战略管理过程包括战略制定、战略实施和战略评价3个阶段。

（1）战略制定（StrategyFOrmUlation），包括确定企业的长期发展任务，明确企业外部的机遇与挑战，确定企业内部的优势与弱点，建立长期目标，制定可供选择的战略并选择特定的实施战略。由于任何企业都不可能拥有无限的资源，战略的制定者必须确定，在可供选择的战略中，哪一种战略能够使企业的资源得到最有效的利用并能获得最大的利益。

（2）战略实施（StrategyImPlementation），包括培育支持战略实施的企业文化，建立有效的组织机构，调整企业经营方向，进行战略性人力资源开发，建立和使用信息系统以及进行绩效和激励战略管理等。在战略实施阶段，企业必须制定年度目标以及实现目标的政策，激励员工和配置资源，以便使企业的战略目标逐步得以实现。战略实施阶段就是动员企业的员工（包括管理者和具体操作人员）将既定的战略付诸行动的阶段。它要求企业的各个分支机构明确自己在企业战略中的责任，而且积极认真地去做好自己的本职工作；它要求企业的员工守纪律、有敬业精神、在工作中充分发挥主观能动性、积极开拓进取。所以，战略实施阶段往往被看作企业战略管理过程中难度最大的阶段。

（3）战略评价（Strategy Evaluation），包括对战略实施的效果进行测定，确定实施战略获得的成效及其与战略目标的距离；重新审视企业内部和外部的环境，以及原先确定的经营思想、领域、目标，战略方案和手段等，修正既定的战略，甚至制定新的战略；评定企业各分支机构和个人在战略实施阶段的绩效，并与之共享企业实施战略所取得的成果。美国的战略管理专家弗雷德·戴维说："今天的成功并不能保证明天的成功。成功总是和新的、不同的问题并存，自满的公司必然失败。"战略评价的目的就是要争取企业未来更大的成功。

二、企业战略管理的特点

成功的企业战略管理需要杰出的战略家及与之协调配合的优秀管理者群体和积极进取的员工在企业内的合理配置。战略管理家及其管理团队必须明确企业的战略目标和自己近期与较长时期的任务，明确企业的外部机遇与挑战，明确企业内部的优势和弱点，并能正确确定企业的长期目标和被分解的年度目标，以及为实现不同时期目标所必须采取的策略。企业战略管理具有以下特点。

（一）企业战略管理具有全局性

企业战略管理是企业为实现长期发展目标，而制定和实施的适应复杂多变的、竞争激烈的市场的一系列动态管理活动的总称。企业战略管理追求企业经营的总体效果，虽然这些管理活动也包括局部管理，但这些局部管理都是为实现战略目标而进行的，是战略管理全局的有机组成部分。

（二）企业战略管理具有长期性

战略管理中的战略决策是对企业未来较长时期内（大中型企业一般为5年以上），就企业如何生存和发展等问题进行的统筹规划。虽然这种决策以当前企业外部环境和内部条件为出发点，并对企业当前的经营活动有指导和限制作用，但是这一切都是为了企业更长远的发展。它是企业在迅速变化和激烈竞争环境中，为生存和发展对未来变化采取的预先性决策。

（三）企业战略管理具有现实性

市场体系是一个开放的大系统，企业是这个大系统的细胞。虽然企业的经营活动影响着系统内的因素，但市场系统内的许多因素是不能由企业控制的。企业要在市场竞争中取得成功，就必须面对客观存在的现实，确定与之相适应的战略决策。

三、战略管理的地位和作用

企业战略管理是企业主动塑造自己的未来，是对企业外部环境和内部条件的主动反映。企业战略管理的成败关系到企业能否长期生存和发展。实施战略管理使企业能掌握自己的命运，所以战略管理在企业管理活动中处于主导的地位，发挥着重要的作用。具体表现为以下几点。

（1）有效的战略管理有利于提高企业的近期和远期绩效。企业通过战略管理，采用更系统、更合乎逻辑和理性的战略决策方法，做出正确的战略决策，提高企业绩效。其原因，一是正确的战略管理将企业的成长与发展变化的环境相联系，企业的管理活动以未来的环境变化趋势作为决策的基础，有利于正确把握企业的发展方向和经营策略。二是企业战略管理的实施能对企业的日常经营活动进行正确导向，避免不必要的损失。同时，战略实施过程也是对企业战略不断评价和修正的过程。企业战略管理中这种反馈循环式管理模式对企业绩效的不断提高是非常有利的。三是企业战略实施过程中的信息反馈使企业的管理人员重视战略的评价与更新，不断在新的起点上，对外界环境和企业战略进行连续性的探索和调整，并不断创新，这是企业保持高绩效的重要条件。

（2）有效的战略管理有利于调动全体员工配合战略管理做好本职工作的积极性和主动性。企业战略的制定过程要求管理者和员工的共同参与，在这个过程中，管理者和各级业务部门都要与员工讨论企业的发展方向、经营目标和经营策略，探讨企业目前的机遇与挑战。其间的沟通和良性互动能动员全体员工自觉以支持企业发展为己任。

企业战略的制定过程使全体管理者和员工了解企业并加强对企业的责任感。当管理者和员工明白了自己的收入和个人价值的实现与企业战略的相互关系时，他们会表现出非凡的创造力和创新能力。所以，管理者和员工的共同参与战略制定，以及战略管理过程中对他们的授权（EmPoWerment）能提高员工的工作效率，减少实施战略管理的阻力。

（3）企业战略管理可促进企业各级业务部门和职能部门的相互沟通和了解，他们之间的协调与合作使企业的运行更有秩序，员工更守纪律，因此也能提高企业的绩效。

格利林强调战略管理可提供如下益处。

（1）使人们识别、重视和利用机会。

（2）使人们客观地看待管理问题。

（3）加强对业务活动的协调与控制。

（4）将不利条件和变化的作用降到最小。

（5）使重要决策更好地支持已树立的目标。

（6）使时间和资源更有效地分配于既定目标。

（7）使企业将更少的资源和时间用于纠正错误或转向决策。

（8）建立了企业内部的人员沟通环境和条件。

（9）将个人行为综合为整体的努力。

（10）为明确个人的责任提供了基础。

（11）鼓励向前式思维。

（12）提供了对待问题和机会的合作的、综合的工作方法和积极的工作态度。

（13）鼓励对变化采取积极的态度。

（14）加强了企业管理的纪律和正规化。

第二节　人力资源战略管理

一、人力资源战略管理的内容

人力资源战略管理涉及的是与人有关的、方向性的企业问题，是由管理人员以与其他企业战略相同的方式制定、推行和绩效评价的动态管理过程。

企业高层管理人员和人力资源职能管理人员通过不断推进人力资源管理活动，实施人力资源管理战略，包括企业为了长期的生存和发展，在充分分析企业内部条件和外部环境的基础上，制定人力资源发展战略规划、实施人力资源战略和评价能够达到长期发展目标的行为、能力和结果。

图 5-1 为人力资源管理与战略的关系。

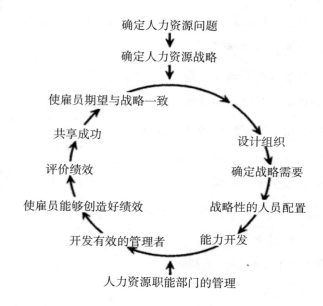

图5-1 人力资源管理与战略的关系

二、人力资源战略管理的特点

激烈的全球竞争、迅速发展的技术、不断变化的人力资源结构、经济起伏波动以及其他动态环境因素要求企业对环境的变化、反应灵敏并具有良好的适应性。企业要想在激烈的竞争中胜出，就要在积极改革创新的同时，必须保持企业与外部环境的和谐及企业内部协调配合的管理。人力资源战略管理具有与传统的人力资源管理不同的特点。

（一）比传统的人力资源管理更注重未来，更具有整体性

人力资源战略管理是一个包括人力资源战略管理规划、战略实施、绩效评价与激励人力资源职能部门建设等内容的管理系统。各组成部分的协调配合是竞争性企业存在和发展的基本条件。战略管理的长期性使人力资源管理更加注重未来。

（二）将人力资源看作企业的第一资源，积极主动地对人力资源进行开发

世界上许多知名企业在其员工的职业生涯管理、职工教育培训及企业团队建设方面投入了大量的资源，使劳动者的专业素质和综合能力不断提高，知识型员工在企业中所占的比重有不断提高的趋势。

（三）人力资源战略管理重视员工的福利

随着企业战略的调整、管理信息化的普及和市场需求的不断变化，整合企业组织结构并设计与之相应的职位，调整员工知识和技能结构以适应变化的状况对企业战略目标的实现起着非常重要的作用。福利待遇水平在员工看来既是经济利益实现程度的标志，也是个人价值实现程度的标志。所以企业管理者必须高度重视员工福利问题。既要考虑通过适当的福利设计留住和引进"金领"人群，也要考虑员工的健康保证和养老保险等问题。

（四）人力资源管理职能部门在企业中的地位得到提升

人力资源职能部门在企业团队建设、人力资源配置、开发激励等方面的工作绩效，直接影响员工的满意度。对提高员工的工作积极性和创新意识、发挥人力资源协调配合的整体优势，以降低成本提高企业的经济效益的作用是关键性的。人力资源职能部门已从指导性、行政性管理部门，转变为影响企业团队战斗力和绩效的关键性部门。

（五）人力资源战略管理是一种以人为本的管理

人力资源战略管理认为企业员工不只是经济人，更重要的是社会人。企业人力资源管理的首要目标是满足员工自我发展的需要。在管理过程中除注重员工物质利益，也非常关注员工的精神需要和工作环境的改善，以及生活质量的提高。尽可能减少对员工的控制与约束，更多地为员工提供帮助和咨询，帮助员工和企业一同成长和发展。关于人力资源战略管理的特征如表 5-1 所示。

表 5-1　人力资源战略管理与传统人力资源管理比较

项目	人力资源战略管理	传统人力资源管理
目的	员工为企业的第一资源；满足员工物质与精神需要，保障企业的长远发展	员工为企业的成本负担；保障企业短期发展目标的实现
模式	管理以人为本	管理以事为本
视野	开阔、长远	狭窄、短浅
性质	具战略、策略性	具战术、业务性
深度	积极主动、重能力开发	消极被动、重控制
功能	系统、整合、协调	单一、分散
内容	丰富、不断扩展	简单、重复
地位	战略决策	执行领导意志
工作方式	广泛参与、公开透明	指挥与控制
与其他部门的关系	和谐、配合	抵触、对立
本部门与员工的关系	帮助、服务	管理、控制
对员工的态度	尊重、民主	命令、独裁
管理者的角色	迎接挑战、积极变革	例行公事、记载过程
人力资源职能部门属性	关系企业效益的关键部门	企业的从属部门

第三节　企业战略管理与人力资源战略管理的关系

一、完整的企业战略必然包含人力资源战略

战略管理能促使企业持续保持技术创新和引进，降低成本，提高产品和服务质量，不断开拓经营领域和扩展市场等。在复杂多变、竞争激烈的市场经济中，竞争性企业要保持自己的优势，必须加强战略管理。制定和实施企业战略需要精明强干、精力充沛、绩效优良的工作团队和员工。因此，任何选择进行战略管理的企业，在制定企业战略的同时，必然以同样的方法和程序制定企业的人力资源战略。

二、企业战略决定人力资源战略

人力资源战略的目标和为实现目标而制定的人力资源战略管理规划必须以企业战略为前提和依据。企业之所以要制定人力资源战略管理规划，是因为企业想要达到其战略管理的目标，需要有与之相适应的人力资源战略。所以，诸如组织设计与团队建设、企业员工的内涵和外延的开发、人力资源管理职能部门和人员的开发与培训、绩效与激励等方面的战略管理，都应当以企业战略目标为依据，围绕企业战略目标展开。

不同企业的战略目标不同，同一企业不同发展阶段的目标也有区别，其人力资源战略也各不相同。只有适合企业现状和外部环境的人力资源战略管理才能在特定企业文化氛围中，打造出强有力的、能应对各种挑战的企业团队，才能造就一大批充满活力、积极进取、能适应市场变化需要的员工队伍和优秀的企业高层管理者的接班人队伍，并得到企业各方面的认同和支持。所以，任何企业要想在激烈的市场竞争中实现一个又一个企业战略目标并不断发展壮大，必须根据企业不同时期的发展战略，实施不同的人力资源战略管理。表 5-2 列举了部分企业战略目标对人力资源战略的要求。

类似的情况还有很多，概括起来就是要实现企业战略目标，为企业进一步发展和创新创造条件，企业人力资源战略必须以企业战略为前提和依据。

表5-2 企业战略对人力资源战略的要求

企业战略决策	对人力资源战略管理活动的要求
添置技术含量更高的设备	设计与高技术含量设备相适应的团队组织，对职工进行技术培训
新建分支机构	根据新建分支机构的规模、组织结构和建设进度的时序组建企业员工队伍。或适时从原企业调动，或就地招募，并进行必要的技术培训

续表

企业战略决策	对人力资源战略管理活动的要求
低成本竞争	对现行操作流程和员工配置进行分析，找出可改进部分，并对现有人员的职位分布进行调整。对留用员工进行提高效能的培训，使之适应企业降低成本措施（如节能、降耗等）对员工技能的要求。对被精简人员则进行职业生涯设计辅导和必要的换岗培训。妥善处理剩余人员
扩展国外市场	根据企业海外营销战略选拔和培训海外市场营销人员。调整薪酬标准、绩效评价标准和激励制度，使之适应国外市场竞争的要求，留住现有适应海外市场的员工，吸引外部高素质营销人员加盟
兼并其他企业	摸清被兼并企业员工素质和构成，制定留用员工培训方案和剩余人员安置方案，并分步实施。其间要充分估计困难，并设计多种解决方案

三、人力资源战略是企业战略实施的核心

当今世界，科学技术日新月异，市场需求不断发展变化。企业的生产经营活动只有适应科技和市场需求的变化，企业才能在竞争中生存和发展。所以在企业战略的实施过程中，企业的规模、产品结构、服务范围、竞争策略都必须随科技和市场的变化而采取相应的应对措施。例如目前经济全球化的发展和以计算机技术为中心的信息技术革命，就对不同企业产生了不同的影响。跨国界、跨部门、规模巨大的混合联合企业和技术非常专业的中小企业同时并存，其中企业间的纵横捭阖、兼并重组都是企业适应科技和市场变化而采取的应对措施。企业的上述变革都取决于人力资源战略的配合，因为制定企业战略的是人，进行技术创新不断推出新产品和服务的是人，开拓新市场的也是人。

（1）人力资源战略管理决定企业的胜败兴衰。企业能否适应市场的变化和顾客的要求及时推出新的产品和服务，决定着企业在市场竞争中的地位。企业开发新产品和服务的决策来源于对市场的调查、分析和论证。企业不同决策的实施对其不同岗位上的员工的素质、技能的要求是不同的，而且他们只有按一定比例组成一支随时沟通、密切配合的团队，才能认清本企业的优势和劣势，准确定位企业的产品和服务。其中任何一个环节出了问题，都可能引起企业决策失误，导致满盘皆输。而员工素质提高、技术更新、企业团队建设等都依赖于人力资源战略管理。所以人力资源战略管理决定了企业的兴衰成败。我国自20世纪80年代初以来，家用机电企业兴衰成败的演变就是最好的证明。20世纪80年代初，大大小小自行车、电视机、洗衣机、电冰箱企业曾经遍布全国各地，每种家电产品都有数以几十、上百计的生产厂家和品牌。在市场竞争中，能适应市场的变化和顾客的要求，及时推出新的产品和服务，并不断提高服务质量的企业，如四川长虹、青岛海尔、厦新电子、康佳电子、万家乐、格兰仕等，逐步占据了家用机电市场的绝大部分份额，在优胜劣汰市场法则的作用下胜出。这样的结果与这些企业在新产品开发与服务的战略决策有很大关系。而在推出新产品和服

务的决策与实施中，起决定作用的是有效率的人力资源战略管理。关于这方面的案例，媒体已有大量报道。我国的旅游、餐饮、娱乐业在服务决策方面的竞争也正在影响着这类产业中不同企业的发展前景。而人力资源战略管理在其中发挥的重要作用也是有目共睹的。企业决策层的决策正确与否，企业人力资源战略管理团队的工作效率，直接影响企业在竞争中的地位，所以人力资源战略管理水平决定着企业开发新产品和服务决策的水平，决定着企业的兴衰成败。

（2）企业为增强团队的活力和市场竞争力的兼并和重组，依赖于企业人力资源战略管理的高效率。兼并重组是优化企业资源配置，降低成本，提高经济效益，使企业在市场竞争中胜出的重要途径。伴随着企业的兼并重组，企业必须重新部署其管理和技术人才，招聘并留住核心技术和管理人才，培训其员工，使其管理流程适应日益严峻的竞争挑战。这些工作涉及环境分析、企业团队和文化建设、人力资源配置与开发等诸多环节，都属于企业人力资源战略管理的重要内容。其中任何一个环节出现纰漏和瑕疵，都可能削弱企业兼并重组对增强企业活力和市场竞争力的正面作用。如果企业在重新部署其管理和技术人才环节工作出现纰漏，人力资源配置的结构与兼并重组后企业对人力资源结构的要求不完全一致，就可能导致企业内人力资源结构失调，不同岗位人力资源的过剩和不足并存，对企业效能产生负面影响，严重的甚至会导致兼并重组失败。如果企业在市场上招聘不到或者留不住核心技术和管理人才，企业的新产品开发计划就可能落空，企业生产和经营秩序还可能陷于混乱。如果不能根据企业技术创新的要求，按既定时序培训企业员工，企业的新产品开发计划也可能名存实亡。正因为如此，国外知名企业都将人力资源战略看作实施企业战略的核心和生命线。企业的高层管理人员在人力资源战略管理上投入了大量的精力和资源。例如，国风集团在连续兼并 6 家困难企业，安置 6000 多名员工的条件下，能实现产值、销售量翻番，一个重要原因就是以人力资源战略管理为核心实施企业战略。

（3）为保持产品和服务的领先地位和不断创新能力，要求员工保持积极进取、开拓创新的精神，需要有效的人力资源绩效评估和激励战略管理。企业员工既是经济人，也是社会人。他们的工作需要依据市场经济的规律得到应有的薪酬，也需要得到精神的满足。有效的人力资源的绩效和激励战略管理正是企业员工作为经济人和社会人得以实现的途径。例如，国风集团"以诚经商"和与企业发展紧密结合的绩效评估与激励机制，对企业适应市场需要不断推出新产品所起的作用是不能低估的。

第四节　企业人力资源管理和企业核心竞争力的关系

一、人力资源管理与企业核心竞争力的内在联系

（一）人力资源管理是企业核心竞争力的关键

由于企业核心竞争力是一个以企业技术创新能力为核心，包括企业的反应能力、生产制造能力、市场营销能力、连带服务能力和组织管理能力在内的复杂系统，而技术创新能力等诸项能力的增强取决于人力资源的状况，因此可以说企业核心竞争力的关键在于企业人力资源管理。离开了企业人力资源管理，企业核心竞争力便会成为无本之木，无源之水。

1. 企业核心竞争力的强弱取决于企业人力资源的状况

人力资源是企业首要的能动性生产要素。虽然人力资源与生产资料、资金、技术等都是企业的生产要素，在整个企业正常运营中缺一不可。但是，诸要素的作用却不相同，其中唯有人力资源是起决定性主导作用的第一要素，是能动性要素，生产资料、资金、技术等均被动地由人力资源使用与推动。企业人力资源与企业核心竞争力及其各组成部分的关系也正是这种主导与辅助、能动与被动的关系。企业科技人员的能力与水平决定了企业技术创新能力的强弱，企业经营管理人员的能力和水平决定了企业反应能力、市场营销能力和组织管理能力的强弱，企业生产工人的能力和水平决定了企业生产制造和连带服务能力的强弱，企业全体员工的整体素质和能力决定了企业核心竞争力水平。从这个意义上来说，企业人力资源的状况决定了企业核心竞争力的强弱。例如，海信集团，其成功的根本就是对人力资本的重视及其制度支持，海信一开始就注意到人力资本产权的重要性，尤其为科研部门设立了有效的激励机制，如提供良好的工作环境与待遇，激发了人力资本的积极性，正是技术、治理机制和学习能力相整合而形成的核心能力为海信创造了竞争优势。

2. 企业核心竞争力的培育过程是企业人力资源管理的过程

企业核心竞争力的培育过程可以划分为3个阶段。

第一，开发与获取构成企业核心竞争力的专长和技能阶段。

第二，企业核心竞争力各构成要素整合阶段。

第三，核心产品市场的开发阶段。

在企业核心竞争力的整个培育过程中，哪个企业能够获得最关键的技术、耗费的时间最短、核心产品市场份额最大，哪个企业的核心竞争力就最强。而在这个过程中，最关键的是要有足够数量的高素质人才。因此，管理企业人力资源自始至终贯穿于企业核心竞争力的培育过程。

企业人力资源的管理就是为了全面实施企业的发展战略，不断增强企业核心竞争力，开发与提高员工的智力、知识水平和技术能力，培育员工的企业本位意识和敬业精神，有效的人力资源管理恰恰是与企业核心竞争力的培育密切结合而进行的，为企业核心竞争力的形成与增强奠定了坚实的人力资源基础。

3. 企业核心竞争力的增强是企业人力资源管理的根本目的

不断增强企业核心竞争力既是企业自身发展的迫切愿望，又是市场经济条件下企业生存与发展的客观要求。必须全面、深刻地分析与研究增强企业核心竞争力的有效措施。从企业核心竞争力的内涵和构成以及一些成功企业的实践经验来看，全面系统地进行企业人力资源管理是增强企业核心竞争力的重要措施。企业人力资源管理是以企业全体员工为管理对象，对员工的智能进行的开发管理。

具体内容包括3个方面：一是启发、培养员工的智力，如理解力、思维判断力、想象力、创造力等；二是提高员工实际操作、运用创新技术的能力和科学技术、文化知识水平；三是充分调动企业员工的工作积极性、主动性，培养其敬业精神。上述前两个方面是培养能力、挖掘潜能的过程，第三个方面是促使其全部能力充分释放的过程。企业人力资源管理是一个系统工程，具体包括企业人力资源管理的规划系统、企业人力资源管理的投入／产出系统、企业人力资源管理的评估系统。

企业人力资源管理的根本目的是，通过对科技人员的管理增强企业技术创新的能力，通过对经营管理人员的有效管理增强企业反应能力、组织管理能力和市场营销能力，通过对生产工人的有效管理增强企业生产制造能力和连带服务能力，通过各方面能力的整合增强企业的核心竞争力。

在世界经济一体化、知识经济已经出现的当代企业要生存和发展就要具有自己的核心竞争力，而企业核心竞争力的培育与增强需要企业不断地进行人力资源的开发。企业应高度重视人力资源开发对增强企业核心竞争力的影响，有效地做好人力资源开发工作，为企业核心竞争力的增强奠定坚实的人力资源基础。

（二）人力资源管理与企业核心竞争力的关联性

已有的研究大多从实践定位的视角，证明人力资源管理能形成竞争优势，强调人力资源管理的价值超过人力资源集合的质量。而人力资源管理在企业核心竞争力中所发挥的作用主要是通过以下 2 方面实现的。

第一，人力资源管理能改善企业对关键环境变量变化的敏感能力；高水平的人力资源管理将通过适应环境复杂性的监控分散化而提高了组织的监控能力；监控不再仅由中心部门所执行，信息将更多地来源于接近真正利益相关者团体的员工。

第二，战略一旦被设计出来，需要迅速而有效地得到执行。这要求员工队伍具有灵活性和适应性。显然，高水平的人力资源管理能提供高度的灵活性，以使组织适应新的技术或新的环境。最近的研究证明，具有高认识能力的组织比认识能力低的组织更能够学习与工作相关的知识；拥有高水平人力资源集合的企业比拥有低能力员工队伍的竞争对手有优势。

二、人力资源管理对企业核心竞争力的作用机制

（一）黑箱模型

人力资源管理的各项实践活动对于企业核心竞争力有着或多或少的影响，这种影响不仅体现在企业的财务业绩上，还体现在对企业战略的实施与战略目标的实现等方面。从整体上讲，人力资源管理与企业核心竞争力之间具有什么样的关系呢？已有研究采用累计叠加方法来测量两者的关系，即将每一项人力资源管理的实践活动所产生的影响简单叠加为一个整体变量，以衡量人力资源管理对企业效益的影响。

换言之，就是看企业竞争力中有多少能够为某一项特定的人力资源管理实践活动做解释。对于这种理论方法只要略加分析就会发现它的不科学性。如果人力资源管理的实践活动的项目数是不断增加的，或者从事人力资源管理活动的人数增加了，采用累计叠加方法求得整体变量必然是增加的。显然，这种解释是不符合实际的。

影响企业发展的管理政策和活动除了人力资源管理，还包括财务资源管理、物质资源管理、信息资源管理和市场资源管理等。而所有的管理活动最终都要人来实现，每一种资源的管理和企业竞争力之间的关系都不是简单的线性关系，很难说企业竞争力提升中有多少是由于某一种资源的管理引起的，难以确定一种资源管理投入的增加或减少与企业竞争力提升或下降之间的定量的关系。由此可见，企业的人力资源管理与企业核心竞争力之间是一种"黑箱"关系。

国内外学者都在试图将人力资源管理与企业核心竞争力之间关系的"黑箱"明朗化。美国人力资源管理专家克雷曼提出"通过人力资源管理实践获取竞争优势的模型"。另外，菲里斯等人对人力资源管理与企业效益之间的中介关系和相互作用过程进行了

分析，提出了一种社会背景下的人力资源管理与组织效率关系模型，等等。

由于企业核心竞争力的提升是企业所处环境、企业自身发展阶段、企业经营战略、人力资源管理实践、人力资源管理支持等多种因素相互联系、相互依存的复杂系统行为的结果，人力资源管理无法单独对企业核心竞争力产生作用，必须与其他因素相互配合才能产生效果。而各影响因素之间又是相互联系、相互渗透的。要想把人力资源管理从这一复杂的影响因素体系中剥离出来进行分析是相当困难的。

（二）环节控制模型

有效的人力资源管理和开发活动可以有效地提升企业的核心竞争力。人力资源管理对企业核心竞争力的促进作用贯穿于人力资源管理和开发的全过程中，包括人力资源战略规划、人力资源管理的职责定位、人力资源的获取与再配置、企业绩效管理体系的建立、薪酬设计与管理、人力资源培训与开发系统的建立等。

人力资源管理通过其各个环节对企业竞争力作用的过程被称为环节控制模型。同时随着知识经济的来临和企业中知识型员工比例的提高，人力资源管理和开发的实施已不仅仅由人力资源管理人员来完成，各部门的管理人员、企业的高层管理者，甚至企业中的每一名员工都要参与其中。

人力资源管理对企业核心竞争力的影响体现在多个方面，可以从多种不同的角度和层面来进行研究，并且对于不同行业特点的企业、企业的不同组织类型、企业的不同发展阶段以及企业所处的外部宏观经济环境的不同，人力资源管理对企业竞争力的影响和作用机制也不尽相同。

人力资源管理活动依照其在企业管理中的作用，可分为功能性活动和辅助性活动，它们在企业管理活动中起着不同的作用，两者相辅相成构成完整的人力资源管理系统。

人力资源管理系统依靠组织输入其需要的各种资源，包括环境、技术、市场机会、经济来源、劳动力等。同时，它也为组织和个人带来输出，其输出最终表现为企业效益的增加和整个组织目标的实现。在企业的发展过程中，人力资源管理要想在企业管理中充分发挥作用，首先必须弄清楚整个组织目标和战略意图。有效的人力资源管理总是立足于组织目标和企业的发展方向来开展各项工作。

世界上许多著名的大型跨国企业通过以下3种途径将人力资源管理与企业经营战略相联系。

（1）为实现企业战略目标而选择人力资源管理系统构建与运作方式。

（2）在一定战略目标或环境下预测人力资源的需求并实施管理。

（3）在企业战略目标与组织结构相统一的整体中努力融入人力资源管理。

3 种途径各有特色，共同之处在于：人力资源管理活动总是围绕组织目标来制订计划，将组织目标转化为人力资源管理各子系统的目标，形成相互配合的目标体系，共同致力于组织目标的实现。

人力资源管理计划的制订与实施的首要任务就是为组织配置人员。人员的配置到位是组织运转的开端和持续运行的基础，具有十分重要的作用。事实上，人力资源配置调整是组织中的一项经常性的工作。

随着市场竞争的日益激烈以及国家宏观政策的不断变化，为适应经济环境的变化，企业必须不断改变与调整组织结构，这势必引起人力资源配置的变化。人力资源管理与开发的核心问题是力图动态地实现组织内人力资源配置优化。为此，要按照组织的要求改变内部环境，确定内部各部门的岗位责任制，建立组织发展系统、奖励系统、交流沟通系统以及劳资关系系统。

无论人力资源管理系统如何调整，所有子系统的计划和行为都应相辅相成，紧密配合，合作协同，形成合力，力戒出现子目标的不协调和重叠与冲突。任何系统的功能从本质上来讲都取决于系统的结构，整个人力资源管理系统的执行和循环过程所产生的结果最终表现为企业核心竞争力的提升。

第六章 国企、民企人力资源管理问题

第一节 国企人力资源管理问题

一、国有企业绩效管理现状

（一）企业充分认识到了绩效管理的重要性

目前，我国的国有企业已经充分认识到绩效管理的重要性，在积极实施和推进科学管理理论应用的同时，试图通过有效的绩效管理方法来调动内部员工的积极性，吸引、留住优秀员工，实现企业战略目标。但也应意识到，绩效管理不是放之四海而皆准的管理方法，不能解决企业面临的所有问题。绩效管理要想发挥作用，就需要与企业的其他管理机制相配合，如要与企业文化、战略管理进程、产品创新等相匹配。这些都要求根据企业的经营特色、企业文化来设计绩效管理体系，同时建立多元化的绩效考核标准，使企业绩效管理落到实处。

（二）态度考核成为绩效管理的有效补充方式

绩效管理的一个重要目的就是激励员工，提高员工的工作积极性，而员工的工作积极性与职业群体的价值观念有很大关系。"80后""90后"现在已经成为职场的主力军，尤其是新入职场的"90后"，他们的需求与之前的几代人有较大差异。"90后"需要更多的关怀、尊重和认可，因此企业的激励政策也应随之调整。根据众达朴信的调研，大部分企业已开始关注"90后"员工的职场角色的转化和职业人行为习惯的养成。由此可见，加强对员工工作态度的考核是一种有效的绩效管理办法。但是，目前我国大部分企业对这一点的关注不够，已经尝试态度考核的企业因操作上的难度，也未能完善这一考核形式。同时，国有企业绩效考核系统不完善，造成很多经营数据没有得到充分的收集，运用量化的绩效考核指标的建立遇到很大的阻碍，态度考核的出现弥补了这一缺失。

（三）KPI 考核仍然是绩效管理的主流方式

国有企业是特殊经济体质的产物，普遍存在管理效率低下的现象，传统的管理模式带来的"大锅饭""平均主义"等人浮于事的现象使科学的管理体系很难建立起来，而科学的绩效管理的实施又需要一定的管理基础，需要一定水平的管理机制与之匹配，因此在绩效管理工具上，国有企业的选择空间不大。目前 KPI（关键绩效指标）依然是国有企业绩效考核的主要工具。企业在应用过程中一般将部门和个人重点工作计划、公司分配季度／月度指标、部门职责与岗位说明书排在前三位，认为这是关键的评价考核指标，虽然其他绩效管理工具（如平衡计分卡、360 度考核等）在欧美国家已经非常流行，并积累了大量的实践经验，成功的案例很多，但在我国企业实施过程中成功的案例较少，究其原因还是我国国有企业的特殊性质，国有企业的管理主要还是由国家委派的高层管理者负责，很难形成像西方一样的管理体制，因此在绩效考核上就采取了 KPI 这一评价手段。

（四）360 度考核应用仍处于实践阶段

360 度考核法在我国的企业应用实践中虽然被广泛采用，但根据有关部门的调查，360 度考核法的效果一般，认为效果良好的企业并未占到大多数。由此可见，虽然 360 度考核效果不是很明显，但企业在管理实践上还是非常倾向尝试这种绩效管理模式，究其原因是 360 度绩效考核能更加全面地对员工的表现进行考察，并通过考核效果反馈被评价对象的优点和缺点，达到提高被评价对象个人能力的目的。但人力资源管理者对于 360 度考核并不十分青睐，主要是因为 360 度考核在考核过程中流程繁琐，考核结果的处理和考核表格的设计都需要很高超的技巧。而且 360 度考核无法保证客观公正，往往会使员工变得敏感，因此 360 度考核虽然得到越来越多的管理者青睐，但是离广泛应用仍有一段距离。

（五）绩效管理应用结果越来越广泛

传统的绩效管理主要是与薪酬管理和员工激励联系在一起的，而现在的国有企业的绩效管理的应用已经大大拓宽了范围，绩效越来越多地在实践中通过奖励的形式作为浮动薪酬，从而发挥激励作用。当前越来越多的国有企业开始关注通过绩效管理实现人力资源各个模块与绩效考核结果的对接，如岗位管理、培训管理、福利管理、团队建设等。这样不仅使绩效管理深入企业管理核心，形成积极向上的管理文化，从而使绩效管理发挥更大的作用，也能够让员工和管理者对绩效管理的指标的形成、完成和修正更加重视并参与其中，形成有效的管理活动。

二、国企绩效管理面临的问题

（一）缺少对绩效管理的全面认识

国有企业虽然引进了绩效管理理论，但目标不是很明确，在绩效管理实施过程中难免会有执行的偏差。例如，对企业制度认识不到位，对绩效管理应该达到的目的不清晰，管理活动无法有的放矢。例如，有些国有企业在绩效管理实施过程中简单理解为评估表格，每到评估时填报即可，忽略了绩效评估只是绩效管理的一部分。绩效管理是一个循环，包括绩效计划、绩效分析、绩效评估和绩效沟通，这个过程不仅强调绩效考核，更加强调绩效反馈和改善，从而达到激励员工、改进企业绩效、实现企业战略目标的目的。

（二）国有企业内部对绩效管理的认可度不高，人力资源地位尴尬

绩效管理不是人力资源部门一个部门的任务，只是人力资源部门执行的一项管理活动。由于绩效管理实施过程中较为复杂，操作繁琐，强调个人和部门责任的承担和成果，这与国有企业"大锅饭""平均主义"的认知相矛盾，因此在国有企业内部，对绩效管理的认可度并不高。企业高层对绩效管理认可度不高，也从一个侧面反映出对人力资源工作的理解偏差，导致人力资源管理的重要性得不到认可，从而导致企业人力资源工作难以得到大力发展，难以吸引更多的人才和不断提高人力资源管理部门员工的素质和能力。这就决定了很多国有企业的人力资源管理很少采用绩效管理方法，在实践中还停留在事务性工作当中，无法进一步展开工作，只是"高级办事员"，无论是工作的权限还是工作的积极性都得不到充分的发挥。这导致了人力资源部门在推广和实施绩效管理过程中有很大的困难。更有甚者，人力资源部门本身对绩效管理的概念、作用和目标都不清晰，对展开绩效管理工作的流程都不够明确，使最后的绩效管理工作流于形式，甚至起到副效用。

（三）考核指标与国有企业整体经营指标不匹配

国有企业的经营有其特殊性。国有企业的战略目标往往与国家的发展是一致的。国有企业的年度经营目标是由上级管理单位下达的，上级主管单位也依据这些经营目标对国有企业进行考核。这就导致国有企业的考核指标和国有企业的经营指标之间的矛盾和不匹配。绩效考核指标应该具有连续性、完整性和系统性，在激励员工的同时实现组织目标，但由于国有企业的经营目标的特殊性，导致绩效考核管理的实施受到

影响。在实践中，往往会出现指标确定的随意性和主观性，只是在形式上考核积极性、工作量和工作态度等，难以形成与整体经营成果关联度很大的指标。

（四）国有企业绩效考核主观性太强

目前，国有企业对员工的绩效考核采用的是单向评价，也就是由一级主管对员工进行绩效评价，这种形式决定了员工绩效考核的主观性，往往管理者的评价决定了员工的考核结果。而这种人为的评价很难规避个人的主观感情，很难做出客观公正的评价。

（五）考核指标设计重结果轻过程和品质

目前，大多国有企业的考核指标是与财务考核指标相关的，如利润、销售额、产品合格率等，员工的工资与这些量化指标相结合。企业的经营行为是一个复杂的系统，经营结果是一个个细小的经营活动的结果。财务考核的量化指标容易形象具体地形成指标，但往往忽略了不能量化的部分，而且只是关注经营的成果，忽略经营过程和长期战略目标。而且财务指标具有一些不可避免的弊端，往往也不能真实地反映经营过程，实现对经营过程的管控。由此可见，绩效考核指标如果只考虑成果指标，轻过程和品质，往往会使企业和员工只关注短期绩效，使经营成果和员工行为短期化。

三、国有企业薪酬激励的主要问题及影响

国有企业一直是我国国民经济的支柱性企业，国有企业的发展与我国的经济总发展是息息相关的，国有企业的效益问题关系到国民大众。国有企业的良好发展可以促进社会的发展、人民的就业以及生活水平的提升，而且对于保证国家宏观经济的发展也具有积极作用。但是当前，我国的国有企业发展态势并不良好，国有企业薪酬激励方面存在的主要问题如下。

（一）薪酬激励机制不合理

国有企业的薪酬管理倾向平均，体现不出员工价值贡献的差别。国有企业内部一般员工的薪酬水平呈现平均化的局面，在国有企业之间，行业之间，薪酬水平的差距是非常大的，我们可以看到两极化现象非常严重。国有企业内部并没有对人力资源管理给予很高的重视，因此一些国有企业的员工常常会跳槽，造成国有企业人力资源的流失。

（二）薪酬缺乏竞争性

首先，国有企业薪酬制度缺乏对外竞争性。我国的国有企业的收入比较低，所以很多的人力资源都逐渐流向非公有制的企业中。往往会出现国有企业为非公有企业免费培养人才的现象。国有企业该如何才能留住员工呢？这就要求我国的国有企业必须做好人力资源的管理工作，首先要做到的就是在薪酬方面的提升，相比较同行业或者区域内，保证薪酬水平处于平均线的水平之上。高薪可以说是留住人才的一个最有效的方式。

其次，国有企业薪酬制度缺乏对内公平性。国有企业内部的薪酬水平的两极化严重，往往是管理阶级的管理屡创新高，但是职工的薪酬水平一直处于一个较低的位置。激励的前提是公平，如果连最基础的公平都做不好，就不能谈及激励了。

（三）缺乏科学、严格、有效的薪酬考核制度

目前，有些国有企业缺乏科学、严格、有效的薪酬考核制度，对于职工的薪酬考核仅仅停留在经验判读上，具有很强的主观随意性。往往是领导的一句话就决定了员工的薪酬考核水平。并没有将国有企业的员工的生产效率水平与薪酬结合起来，没有有效的薪酬制度去进行严格的考核，这样一来，薪酬水平一定是不公平、有失偏颇的。因此，我国的国有企业目前最重要的就是建立科学、严格、有效的薪酬考核制度。

（四）企业人力资源招聘中存在的问题

招聘和甄选期间常见问题主要有企业招不到人、企业招来的人不适合该企业提供的岗位、企业留不住人才。这些常见问题主要体现在以下几个方面。

1. 招聘计划不合理

这种情况的发生主要原因是公司领导不够重视员工的招聘、管理人员招聘管理知识有限，以及人力资源的开发存在较大问题。根据公司整体战略规划，招聘并不是基于人力资源战略规划所产生的招聘计划，而仅仅是在企业内部有一些短期的职位空缺，或者是领导点头之后才开始执行招聘。因此，企业需对人力资源部门的中上层管理人员进行专业培训，增强他们人员管理和企业管理的能力。

2. 在招聘之前没有具体的工作分析与岗位研究

没有做好招聘的基础性工作就去招聘，招聘人员没有具体的参照标准去招募候选人，对应聘者的疑问无法给予详细阐释，更不能告诉他们具体的工作事宜，这样就会在招聘者心中形成一种"不靠谱"的企业形象。公司对后期应聘的人员没有筛选的基础，人员的招聘仅仅根据面试官的主观印象来选取，这对企业来说是很不负责任的表现，

何谈为公司招聘或是留住人才呢？这也会给一些高素质、高水准的优秀候选人带来负面影响。只有根据组织发布的研究结论和工作分析，制定工作规范，对招聘岗位有一个全面深入的了解，面试官在招聘时才能有具体的择取标准。

3. 渠道选择不当

当一个企业对人才有迫切需求时，如果企业 HR 没有将内部和外部统一，没有整体的规划，就对外部展开招聘，这样的招聘会造成企业招聘毫无目的性。所以，企业有用人需求的时候，首先应该将企业内部和外部的情况加以权衡之后再进行招聘。可以将公司内部的人力资源作为考虑的前提，因为对于企业文化、规章制度、工作流程等各个环节，内部员工都有所了解，所掌握的技能也是成熟的，可以为企业节省一大笔培训的费用，对企业内部的员工也有很好的激励作用。尤其是中高层管理人员和重要岗位的技术人员有需求时，可以首先考虑从内部的人员进行调配或者提升，在筛选不到符合条件的员工的条件下，再考虑外部招聘。总之，招聘必须考虑整体统一的内部和外部资源，要有合适的招聘渠道，使内部和外部的资源得到充分开发。

4. 没有考虑到员工的正常流动，没有进行适当的人才储备工作

如果企业在人才出现短缺状况时才去招募人员，结果会很不理想。对于企业来说，人才流动是比较常见的现象，企业不可能一直都不缺人才，如果没有考虑人才缺失这个问题，在人员出现较大变故时企业就会措手不及，企业正常业务就会受到很大影响。因此，人力资源管理过程中要做好人力资源规划，必须考虑人才储备，要有可以及时补充的人才。

5. 招聘人员能力欠佳

有些人总是觉得他们在招聘位置上，是主导者，有优越心理，狂妄自大，目中无人，觉得自己就是施舍者，对于前来应聘的人，不太尊重甚至是苛刻对待，这也导致人们对这样的企业好感全无，企业怎么会招到好的人才呢？这对企业的形象也是一种慢性的毒害。另一种现象也是时有发生，即大部分面试官在招聘的时候，想的先是个人利益，招聘的都是能力不如自己的人，这样在以后的升迁角逐中，自己就可以占有绝对优势，对自己的未来前景不构成威胁。此外，在招聘过程中，招聘者大多会潜意识地陷入这样或那样的误区，在陷入这些误区之后，对于招聘的效果则会大打折扣。因此，招聘人员在招聘期间应尽可能地避开这些误区：首因效应、刻板印象的影响、归属效应、近因效应、自我优越的想法、选择性看人的态度。在招聘开始之前就要对参与招聘的人员进行一些招聘技能和心理素质方面的培训辅导，提升他们的招聘技巧，避免因个人主观因素而影响招聘效果。

6. 招聘过程中的组织不当，缺乏结构化、系统性的面试

在研究调查中发现，结构化面试是对候选人未来工作绩效的全部预测方法中最为

直接有效的方法。结构化面试指的是，在面试之前，招聘者就先规划好招聘时要问的问题，准备好职位能力所要求的清单以及相对应的问题，在面试过程中，程序化地按照清单中的问题来提问，以此判断候选人能否胜任该岗位。这就需要对问题进行精心设计，要保证其针对性，尽管问的时候别人会很难问答或是感觉不舒服，但是这对招聘者来说，能够充分掌握主导权，较好地控制整个局面从而更好地选择所需的人才。

7. 招聘过程中太过轻信应聘者，决定过于草率

人们在生活中，虽然很多时候很"精明"，有着适当的"疑心病"，但是在招聘期间，还是有很多人对应聘者提供的信息轻易相信，并没有深入追究面试者的简历或者语言的矛盾以及虚假性，所以也就不会想到很多应聘者在面试过程中会有意无意地歪曲或捏造事实，或是夸大成就，或是掩盖过失，以及逃避相关问题等。这造成很多企业在没有摸清应聘者身份背景的情况下就草率确定录用人选，对他们的过去概不知情。有的招聘负责人单凭对员工的第一印象，就将之招聘到公司，入职之后才发现，其对应聘的岗位完全不能胜任，这对公司的利益造成了很大的损害。因此，对于通过面试的候选人应该在其入职之前，有一个简要合法的背景调查，只有知己知彼，才能百战百胜，对公司的利益也有一个有效的保障。

（五）国有企业人力资源"招聘难"的原因

对于招聘工作，很多国有企业存在以下的缺点或不足。

1. 管理体制不健全

国有企业的正常运转主要依托于科学合理的管理制度，而大型的国有企业对管理体制的要求更高。但是，目前我国大部分国有企业在管理制度上存在严重的不足，如管理架构庞大、人员结构混乱、绩效考核不严谨、科学化的管理制度落实不到位等。管理制度要依托于员工的执行，所以再好的制度都要依托良好的人才才能得到较好的执行。目前一些国有企业没有一个比较科学完善的管理人才引进计划，不管是在社会招聘上还是在校园招聘上都缺乏明确的人才引进计划。

2. 岗位描述不清晰

从目前大多数国有企业所发布的岗位要求细则来看，国有企业在招聘人力资源的时候未能将岗位要求描述得足够清晰，尽管提出了人员的基本学历、专业要求，但是在具体的软性素质，特别是心理素质、个人道德素质要求上没有做出明确的规定。此外，一些企业的招聘岗位要求也过于简单，不能让求职者很好地了解岗位要求。

3. 人才标准不明确

一些国有企业对一些岗位的认识不够，在制定岗位要求时不够明确、缺乏细致，

这就使人才的招聘标准不明确。尽管国有企业在四处招聘有效的人才，但自身的各个岗位要求缺乏明确的任职标准，这使很多求职者不清楚国有企业需要什么样的人才。

4. 人才评价标准不完善

很多国有企业在人才的测评上不够精细化，往往只是通过一些比较简单的心理测试或者比较陈旧的试卷填写的方式来进行。现代化的人力资源测评工具有很多，其准确性和科学性都已经被社会接受，但是国有企业在这方面的意识不够，还是沿用传统的人才评价标准。这就使很多国有企业的人才录用标准不完善，招聘不到合适的员工。

（六）国有企业人力资源培训管理存在的问题

我国国有企业的人力资源培训管理体系中存在一些问题，主要表现为以下几个方面。

1. 缺乏完善的培训计划

培训计划是对整个培训过程的规划，是对人力资源培训的方式、对象、主体、目标的明确纲要。培训计划的好坏直接影响培训的效果。但是，现在大多数国有企业尚未建立比较科学合理的培训计划，很多培训也仅仅是领导临时安排或者迎合时代需求，或者解决眼前问题而开展的，对人力资源的培训缺乏长久的计划安排。

2. 经费扶持不够

国外相关权威机构表明：员工培训的投入产出比为 1∶50。西方国家往往会拿出企业经营额的 1%~5% 或工资总额的 8%~10% 用作员工的培训经费，并且培训经费还处于不断提高的状态。但是，我国国有企业在企业员工培训中的经费投入并不高，尽管 1981 年国务院出台了《关于加强职工教育工作的决定》，明确要求企业必须要每年拿出企业员工工资总额的 1.5% 左右当作企业员工的培训费用，但是大多数国有企业均未执行落地，大部分培训经费是被企业拿作他用。南京大学赵曙明研究发现，我国国有企业在人力资源培训上仅仅是象征性的投入，其中大约 10% 的员工的培训费用在 10 元左右，大约 20% 的员工培训费用是 30 元左右。

3. 参与培训人数少

国外的企业非常注重对员工的培训，他们认为对员工的培训就是对企业的长期无形的人力资源投资。所以，国外的企业基本是每个员工都能依据自身的情况参加符合自己实际情况的培训。但是在我国企业中，员工进入企业后很少有接受培训的机会，高端的培训更是稀少。根据一些权威机构的统计，大约有 50% 的员工在职业生涯中只有一两次培训的机会，只有不到 25% 的员工具有较多次数的培训机会。从这里不难看出，我国国有企业的培训覆盖面非常小，还处于低水平状态。

4.缺乏对培训结果的考核

西方企业在人力资源培训之前会对培训进行详细的规划，培训后配备了完善的跟踪评价机制，培训结果直接影响员工的绩效考核和工资调整，因而培训往往能够达到预期的效果。而我国国有企业的培训因为培训方式单一，内容重复，缺乏对培训结果的评估和考核，使培训没有真正发挥应有的作用。

（七）国有企业培训管理存在问题的原因分析

1.企业管理制度不完善

科学合理的管理制度是企业培训的前提。曾湘泉教授曾指出，中国企业没有管理平台及管理的基础设施，这点与发达国家企业相差巨大。我国大部分国有企业在人事改革上还不够完善，这就导致这些企业在人力资源管理制度上存在很多弊端。此外，企业管理人才的缺失以及企业对应的管理机构的缺乏都导致了国有企业的管理基础比较薄弱。

2.培训方法有待提高

人力资源的培训需要建立符合企业要求、员工的特性的培训体系。要在培训内容、技术、方法和手段等上多下功夫，有效地提升员工的培训积极性，开设一些有创新性和落地性的培训课程，但在这方面我国企业存在先天不足。20 世纪 80 年代，现代人力资源培训才传入我国，而我国国有企业的改革也是近几年才开始，国有企业的招聘及培训体系尚未成熟，缺乏一些对培训和招聘比较精通的专业人才，职业生涯规划和人力资源管理体系更是缺乏高素质的人才。

第二节 民企人力资源管理问题

一、民营企业加强人力资源管理的必要性

在当今阶段，企业的管理工作是围绕人这一主体而展开的，人力资源是企业需要把握的核心资源，但相对于国有企业或外资企业而言，我国民营企业在人力资源管理方面还存有较大的缺陷，这就要求民营企业加大对人才资源的重视力度。

（一）人力资源管理是企业生产和发展的基础

企业要想取得长足稳健的发展，必须拥有充足的人力资源，在对人力资源进行有

效管理的同时，充分调动人力资源的干劲，为企业创造更可观的效益。企业在具体的管理过程中，可以通过培训、评估以及薪资体系等多种模式来提升管理的效率，使企业的人力资源发挥更大的效益。企业拥有了雄厚实力的高素质人才后，就需要采取相应的激励措施，充分挖掘高素质人才的潜能，结合职工自身的特性，有针对性地为其进行职业生涯规划；通过培训等系列活动，科学地完成人才匹配，激发职工的创造性，提升整个职工队伍的思想素质，强化职工对企业的认同感和归属感，使整体职工绩效提升，为企业带来更佳的效益。就实际运营环节来说，可以推行岗位轮换制模式，优化职工和企业岗位的匹配机制，并保证整个生产体系的灵活性，依托职工个人生产效率的提升，促进企业整体效益的提高。

（二）人力资源管理与企业核心竞争力的培育相辅相成

企业核心竞争力指的是在长期的竞争过程中，竞争对手无法超越和模仿的技术等要素。企业的核心竞争力会随着自身经营过程的发展而提高，在后期运营的过程中，形成自己的特色文化或技术，对企业的发展具有很强的支撑作用。

企业核心竞争力的培育得益于企业的科技、文化及体制等方面的创新发展，而企业的科技、文化以及体制的创新发展又离不开人力资源的支持。当企业具备雄厚的高素质人才资源，该种资源的价值以及稀缺性便成为企业参与市场竞争的有力因素。所以，企业要想具备自身的核心竞争力，应该从人力资源的开发与培养着手。由相关研究资料可知，对于很多西方企业而言，都将人力资源的管理当作自身获取竞争力的源头。企业自身所具备的人力资源离不开企业战略规划以及文化体制的建设，也表现出鲜明的特色。高质量的人力资源是其他企业无法进行模仿的，依托人力资源的投入和科学管理，可以为企业参与市场竞争提供极大的支撑，因此企业纷纷将人才资源的开发、培养以及激励等作为整个管理工作的核心。

企业在人力资源方面的开发管理能力和企业的核心竞争力密切相关。企业核心竞争能力的提升是一个不断发展的过程，只有充分整合内部的人力、财力以及物力，才能发挥出资源的综合效益，为企业核心竞争力的培育提供有利条件。

卡耐基曾指出，对于一个厂房而言，设备和资金等资源都不是最重要的，最核心的资源在于自身已有的人力资源。这也充分说明了企业的人力资源对自身发展的重要意义。人力资源在企业整个管理环节中处于基础地位，包括具体的开发、配置以及相应的体制建设过程，都需要围绕这一要素而展开。企业的人力资源管理活动渗透于实际运营过程中的各个环节，不管是初期的战略规划，还是后期的实施环节，都需要对企业的人力资源进行科学配置，才能发挥出最大的效益，促进企业长足稳健发展。

（三）人力资源管理是民营企业长远发展的必要条件

自从我国成为世贸组织的成员国之后，随着外部宏观经济环境的发展变化，民营企业在发展的过程中也暴露出了众多问题。例如，企业缺乏公平的竞争环境，相关的法规体制不够健全，产权不明确以及技术人才资源欠缺等系列问题，都对民营企业自身的发展起到了很大的阻碍作用。企业必须依托自身人力资源管理质量的提升，拓宽发展的空间。民营企业往往存在资金匮乏的问题，充分发挥人力资源管理的效用，就可以有效克服这一问题的限制。科学健全的人力资源管理体制对于企业整体竞争力的提升具有重要意义，知识经济时代对人们的生活模式产生了巨大的影响，企业获得更多发展机遇的同时，面临的竞争也日益激烈。民营企业只有找寻到有利的发展时机，尽量克服自身的缺陷，才能在激烈的市场竞争中取得快速发展。就整个经济市场的竞争而言，归根结底也是人力资源的竞争。当今阶段，各类企业都加大了对人才的重视力度，将人力资源管理作为自身长足稳健发展的战略任务，民营企业要想立于不败之地，更加需要加大对人力资源管理的重视力度。

二、民营企业人力资源管理问题

（一）人力资源管理相对简单

由于民营企业自身发展的基础比较弱，而且人才资源相对匮乏，加上人力资源管理部门的设置不够科学，对内部职工的职能缺乏明确的划分，没有专业人力资源管理人才，相关体制建设也不够完善，在发展的过程中难以充分调动起职工的积极性。另外，民营企业对人力资源的投资不够重视，缺乏一套完整的培训培养方案，着眼于眼前利益，没有为职工提供良好的成才机会。

（二）"家族化""个人集权化"管理

就民营企业的管理层而言，有些是企业主的家族成员或亲属，在用人标准上并不是依据个人的能力进行提拔。而且存在部分人员身兼多职的情况，导致企业整体的集权情况十分严重。在企业初期发展阶段，这种模式可以发挥相应的效用，随着企业后期的逐步发展，家族化的集权模式对企业发展产生的阻碍作用日益明显。

（三）人才存量少，流动性大

很多民营企业内部的职工单纯地将自身工作看成打工，对企业的归属感也十分弱，并未将自身的发展与企业的发展联系起来。民营企业职工的工作负担很大，尤其是企业的技术职工。倘若企业不能提供预期的薪资水平，或者同领域有提供更加优厚条件的企业，企业的职工就会出现跳槽的情况，使民营企业难以留住稳定的技术人才，无法促进企业自身的长足发展。

（四）员工对企业的归属感薄弱

员工不具备共同的价值观取向，对企业的归属感不够强，忠诚度处于比较低的水平，特别是一些比较看重精神追求的职工，民营企业往往满足不了这类职工的需求。

整体而言，随着经济的发展，我国市场经济领域的体制变革也不断推行，体制日趋健全，民营企业面临的竞争也日益激烈，传统管理体制已经满足不了企业的变化发展需要。基于这种情况，民营企业在发展的过程中，不仅要逐步强化自身的原有优势，还要放眼未来，不断提升自身的创新能力，为企业的发展拓宽新的领域，在管理、战略规划、产品营销以及科研等方面都要进行相应的变革。其中，人力资源管理对于企业长远的发展至关重要，应将其置于核心地位。只有拥有雄厚的人才资源，才能巩固企业发展的根基。从宏观层面来看，在我国市场经济领域，民营企业在人力资源管理方面还有诸多缺陷，必须深入推进体制的变革发展。

（五）人事观点传统

人力资源管理在我国发展的时间不长，整体上缺乏专业性。从我国民营企业的情况来说，并没有培养出一批现代化的人力资源人才，企业的管理层对人力资源管理部门缺乏科学的认知，很多民营企业对人力资源部门的职工进行任免时，不是经过合理的人员配置来决定的，而是随意安排，或是将不合适的人选暂时换岗到人力资源管理部门，导致该部门无法取得应有的工作效益。

当今阶段，人力资源管理理念的具体表现是，将人这一主体当作企业开展经济竞争的核心要素，企业的战略规划以及决策行为都需要围绕自身的人力资源管理工作而展开。因此，当前企业要密切关注人力资源部门和其他职工的联系，不断提升企业的凝聚力，强化企业职工自身的归属感，使企业的人力资源管理工作真正实现围绕人这一主体而展开，这样才能有效确保个体的发展与企业的长期发展目标保持一致。但综合我国当前的民营企业而言，很多企业缺乏对人力资源管理工作的理性认知，而且配套的管理理念也不够先进，相应的管理体制不够健全，往往只注重企业主自身的利益，没有为企业人才的成才和发展提供有利的环境。管理模式也只是单纯注重生产效率的提升，缺乏完善的鼓励体制。现代社会提倡以人为本，因此现在大多数民营企业开始引入符合现代化需求的人力资源管理方法，但是因为对理念的理解存在一些差异而导致错误的认识，所以以人为本的思想仅仅停留在表面，如岗位描述等内容都只是敷衍，没有真正地理解。

（六）缺乏有效的人力资源战略规划

当一个企业构想战略未来的时候，应该从人才培养出发。因为企业理念的发展、技术的发展以及组织的发展等都离不开人才，所以人才成为企业竞争不可或缺的一部分。企业之间的竞争也可以归结为人与人之间的竞争。由此可知，企业在进行战略布局的过程中，需要将人才作为出发点。但是，我国大部分企业无法意识到人力资源管理对企业发展的重要性，从而忽视了该方面的管理，将目光放在生产管理方面。如果继续沿用这种旧思想，将会限制企业的发展，导致员工失去工作热情，从而阻碍企业发展。

我国民营企业通常会忽视人力资源的规划，也不会对企业人力资源情况进行调查，同样不会了解现行人力资源体系是否对企业的发展战略有利。因此，民营企业的人力资源规划通常不会和企业战略融合在一起，导致人力资源变得散乱。

现在我国市场经济发展迅速，大部分的民营企业管理者的素质也有所提高，民营企业管理者开始关注人力资源管理。但是大部分的民营企业在制定企业发展战略的过程中，首先考虑的是企业人力资源情况以及现有体制能否对企业发展起到促进作用，和企业发展战略能否保持一致。在实行整体战略的过程中，会出现人力资源需求和供应之间存在差距的现象。

（七）家族化管理导致人才流失

民营企业在刚起步发展的时期，其高层管理人员大部分交给亲友或者家族成员等担任，并有大约90%的企业财务管理控制在家族成员手中。这种管理方式需要花费的成本较低，面对的道德风险较低，但是如果企业经过发展具有一定的规模之后，传统的管理模式就会面临各种各样的挑战，如只选择使用亲友、企业的管理权都交由家族成员、企业制度不能完全在亲友中实施、不能信任外来工作人员等。这些问题都会导致企业高素质人才匮乏。企业如果使用家族管理制度就会造成人力资源不合理，从而直接阻碍优秀职工发挥作用，最终阻碍企业发展。

目前市场经济发展达到新阶段，企业之间的竞争越来越激烈，随着企业的发展，传统的家族管理模式显现出很多缺陷。如果继续使用该种管理办法会导致企业无法继续发展。并且该管理模式会导致企业流失大量人才。

（八）招聘与培训不够规范

企业进行人员招聘需要拟定招聘计划及程序，保证过程科学。但是，现在我国大多数民营企业的人才培养都不够规范。大部分的民营企业家为了达到经济效益短时间提高，产生了很多错误的想法，如人才培养需要花费的成本高于招聘成本；人才培养使用的技术越高，人才流失越快。而企业使用的招聘方法通常是单一招聘，面试进行的提问也较为简单，因此招聘的人员没有较大的差别。

民营企业的弱点之一就是地位较低并且资源较少，在招聘过程中对人才的吸引力较弱，针对此情况，最简单的方法就是在企业中培养高素质人才。多数民营企业家和企业高层都表示要重视企业人员的培训工作，但实际调查的相关数据显示，九成以上的民营企业尚未建立系统的培训机制，其中，只有约四成的企业在培训方面设置有专业的管理机构，约有 10％ 的企业拥有专业的培训设备和教室，有 60％ 的企业年度计划中包含了培训计划。然而，根据调研得到的数据，多数民营企业的培训计划未能完成，这包含了多方面的原因：其一，企业投入培训的预算经费有限，甚至没有培训经费计划；其二，经费的制定缺乏统一标准，没有明确的关于培训的经费预算，更多的企业选择在培训活动前临时批准经费，其高层领导多为口头承诺，并未从心底认识到培训的重要性，落实的效果较差，员工培训计划仅停留在表面。

民营企业更加注重人力资源在短期能够为企业带来的利润，重视其配置性，而通常忽视了其长期发展效果和内在的资本性。民营企业将人力资源作为一种生产要素，关注其价值含量和贡献价值，希望通过较少的投资获得较大的利润和产出。然而，部分民营企业受到传统观念的影响，认为培训是企业赋予员工的一种恩赐和权利，这种企业本位的思想过于考虑企业的自身利益，尤其是短期利益。民营企业更愿意提高对设备维护的投资，而忽视了对人才资产的追加投资，没有考虑到人才具有发展性，需要通过多次培训提高自身的能力和素质。

对于企业而言，人才资源是企业发展中重要的生产要素，人才资源的质量直接关系到企业的经营管理水平和企业的营业利润。优秀的人才是每一个企业所期望得到的，事实上，在人力资源市场中虽然劳动力总量较大，但是专业对口的优秀人才比较稀缺。如何留住人才、如何保护企业的人才资源等问题应得到企业的重视，一些企业开始重视开发人力资源，并通过培训等方式提高人力资源质量。培训虽然往往需要企业在前期投入一定的资金、精力和物力，但是从长远来看，这种方式能够提高企业员工的个人能力，提升人力资源的价值含量，进而促进企业竞争力的提高。然而，大多数民营企业培训形式单一、政策缺位、方法不合适、未进行需求分析和缺乏系统培训体系等，使员工对培训活动缺乏积极性，因此培训的整体效果与预期效果之间有较大的差距。

这受到几方面因素的影响：其一，企业安排的培训人员自身的专业能力和实践经验有限，设计的培训计划的科学性和合理性尚待提高；其二，企业给予的培训成本有限，在培训过程中通常会因为节约成本而降低培训的要求，影响了培训的效果；其三，培训多靠培训人员的口头讲授，师资力量有限，没有科学合理的教材，缺乏系统的培训制度，培训质量较低；其四，企业的培训活动是一个独立的活动，未能与员工的考核相挂钩，在这种情况下，部分员工不愿意花费过多的时间和精力，难以从培训中提高个人的能力。

（九）重管理轻激励

从字面含义来看，激励的意思为激发鼓励，即通过满足员工的需求调动员工的积极性，从而使员工发挥其创造性和主动性，进而实现企业的目标和长远发展。随着社会的发展，越来越多的企业意识到员工积极性的重要性，如何激励员工成为企业发展中的一个重要问题，企业如果想要获得长远的发展，就必须保持企业的创新力和核心竞争力，而这些因素离不开人才，只有吸引人才，留住人才，企业才能够获得长远的发展。然而在当前企业的发展过程中，人力资源管理方面仍然存在一定的缺陷，尤其是民营企业，缺乏系统的人才资源管理机制。民营企业虽然为人才提供了一定的发展平台，但是对于如何管理人才缺乏系统的规划，人才的职业生涯导向尚未做到与民营企业紧密相连，使人才缺乏必要的保障机制，难以激发员工对于晋职的积极性。这种情况往往会导致人才的流失，尤其是高级人力资源、优秀人才的流失对于任何企业而言都是一种损失。

多数民营企业仍然采用传统的人事管理方法，僵化的管理制度和管理程序严重影响了企业的发展，难以形成现代化的企业激励机制。当前人力资源管理的理论将人看作一种资源，通过对人的开发和利用，激发人的工作积极性，提高工作能力和实践经验。事实证明，针对性的激励技巧能够激发人内心的活力，使人能够保持一种积极、乐观向上、拼搏的精神状态，最大化激发自身的潜力。

当前多数民营企业重视人才，并通过高薪和其他物质奖励吸引人才进入企业。然而，人才资源的管理并不仅仅意味着经济和物质的吸引，精神的奖励方式同样重要，如企业可以通过目标榜样的设立或者培训等方式实现吸引人才的目的，进而提高企业的凝聚力，保持企业的核心竞争力。

（十）薪酬设置不合理

在民营企业中，通常采用底薪加提成或者底薪加奖金的方式作为员工的薪酬，底薪通常是固定的，但是提成和奖金会根据员工的具体表现而改变，具有较强的灵活性和适用性,这种方式对于一般员工而言是比较恰当的,也符合企业发展的初期资金要求。但随着企业的逐渐成熟,企业会吸收更多的新型人才,对于这些核心员工而言,底薪加提成的方式不能满足其对薪酬的要求。这样的薪酬体系与企业的发展速度不相匹配,企业需要根据实际情况对企业的薪酬分配制度进行调整,如将一部分股份作为核心员工的奖励,提高企业的福利政策,给予员工更合理的休息休假时间。就民营企业而言,在薪酬管理中主要存在下列几个方面的问题。

第一,缺乏科学的薪酬设计安排。在民营企业中,员工的薪酬往往是由高层的意志来决定的,而高层在决定时通常不进行薪酬市场调查,仅仅简单考虑市场总体薪酬状况,更多的是从企业自身的利益出发,而非从员工的利益出发。除此之外,经营管理者会通过设定不同层次的岗位,进而排列出员工的等级,根据员工的等级确定薪酬等级,这种薪酬制度无疑会伤害底层员工的工作积极性。

第二,在薪酬分配方面缺乏合理的分配制度。多数的民营企业不具有科学系统的薪酬管理制度,经由董事长凭借个人经验和招聘时双方协议的工资进行规定,主观随意性较强,容易导致企业内部薪酬标准的混乱,尤其是存在同工不同酬的情况,很容易挫伤员工的工作积极性,使员工感到不公平,容易造成员工的流失。

第三,薪酬支付缺乏公开性和透明性。多数的民营企业采用背对背形式,这种情况是员工不知道其他人的薪酬,由于好奇心,部分员工会向他人询问薪酬,容易造成员工之间的猜疑,不利于形成企业的整体团队意识。当员工知晓自己薪酬与同事之间薪酬的差距时,如果自己的薪酬较低,则会产生不满的情绪,进而降低工作的积极性。

（十一）缺乏企业文化建设

张维迎教授曾经提出这样一个观点,真正的民营企业的管理者应当是与投资者不具有血缘关系的,只有当人们信任他人,愿意将自己的财产交给非亲属管理时,才能形成真正的民营企业。然而,实践证明我国多数的民营企业具有严重的家族色彩,虽然经营管理者看似重视人才,并鼓励人才发展,实际上多数管理者仅相信与自己有血缘关系的人,对于员工的忠诚度会持有一定怀疑态度。多数民营企业会在企业中着重强调员工的忠诚度,希望员工一心一意为企业服务,进而实现企业的稳定发展。

在当前社会中,网络技术和科技的发展使信息迅速扩散,经营者应当从多个方面理解员工的忠诚度,而非仅从自身利益来考虑,员工的忠诚应当有合理合适的回报,单纯的喊口号行为只会造成员工的反感。不同于过去,员工普遍素质的提高意味着企业"愚化"员工的措施难以实现,员工有自身的价值,员工也需要不断发展和进步,企业只有放弃"愚化"员工的念头,满足员工的合理需求,才能够真正实现企业的发展。

多数民营企业忽视了"以人为本"的思想,片面要求员工的投入和集体利益的实现，重视经济活动而忽视了企业文化的建设，或者说企业建立的企业文化时间久远，不能与时代和社会的发展相适应，导致企业文化的僵化和严重脱离社会发展的轨道，影响了企业的进步。根据调查数据，仅有约 20 的经营者重视企业文化，并将企业文化与企业核心竞争力相关联，而约 80 的经营者认为企业核心竞争力与企业的战略决策能力、经营组织能力、生产制造能力等方面相联系。有些民营企业经营者重视文化建设，但是不知道应当从哪儿入手，或者文化建设应当由哪个部门承担。

第七章 企业人力资源战略管理

第一节 组织设计

一、企业组织及其作用

企业组织是社会发展过程中劳动分工的产物，是在目标条件下形成的人的有序集合。组织有广义与狭义之分。一般的组织泛指各种各样的社团、企事业单位，它是人们进行合作活动的必要条件。管理学中的组织是指人们为了实现一定目的，以工作流程、信息流程为基础，通过分工与协调，将承担一定责、权的人整合起来的工作群体。这个概念包含了以下含义。

（1）组织有一个共同目标。

（2）组织是实现目标的工具。巴纳德认为，组织是由两人或两人以上，用人类意识加以协调形成的活动或力量系统，这种"协调活动"依据系统原理，使系统中的各种要素相互协调配合，产生"综合效应"，保证组织目标的实现。组织目标是否能够实现，就要看组织内各要素之间的协调、配合程度，其中很重要的一个方面就是看组织结构是否合理。

（3）组织包括不同层次的分工协作。组织为达到一定目标和效率，必须进行分工协作，把组织成员联系起来，形成一个有机的整体。

企业的产生和发展是生产力发展和社会进步的结果，又是促进生产力发展和社会进步的重要因素。人们通过在企业内的分工、协作可以实现知识和技能等的扩散，以及人们知识和技能的相互补充；人们在企业内协同工作的过程中，形成独特的企业文化，企业文化增强企业团队的士气和凝聚力，有利于实现既定的目标；企业作为工作群体，向社会提供产品或服务而获得收益，通过分配直接满足企业员工的各种需要。企业组织在人类社会发展过程中发挥了重要的作用，管理者为了更好地发挥企业组织的作用，根据不同时期、不同条件的需要进行组织设计，使企业的组织结构适应企业发展战略的需要。从这个意义上说，组织设计是人力资源战略管理的重要内容。

二、企业组织设计

组织设计是关系组织营运是否顺畅、人群互动关系是否良好、企业战略目标能否顺利实现的重要问题。面对激烈的市场竞争，企业要立于不败之地，获得高效的发展，就必须做好组织设计，并根据企业存在的环境和条件的变化对企业的组织结构适时进行调整。

（一）组织设计及其内容

组织设计是对组织内部的劳动分工、沟通协调、责任权力、管理层次及其相关控制体系的结构等进行判断和选择，以便达到组织目的的过程。现代意义上的组织设计是一个动态的系统。可以从以下4个方面认识组织设计：①组织设计就是管理阶层设计一个正式的组织结构，使其能有效地运用组织内的各项资源。②组织设计就是建立、整合企业的各层次领导者系统。③组织设计也在于确立工作团队的功能、工作、任务等，以及员工之间的协调配合关系。④组织设计是工作团体中的管理者将各项任务予以细分，并进行必要的授权，以使任务完成。组织设计是企业中一个动态的工作过程，包含了众多的工作内容。组织设计的基本任务和目的就是如何根据设计的内在规律发挥管理者的群体作用，有效地管理复杂多变的对象，发挥整体大于部分之和的优势，使有限的人力资源形成综合效果。

（二）组织理论与组织设计观

1.组织理论及其演进

组织设计是在组织理论的指导下进行的。和其他理论一样，组织理论也是在一定的环境条件下产生，并随着环境条件的发展而发展的。从第一次技术革命产生以来，人类社会共出现了4次技术革命：机械化、电气化、自动化和智能化。这4次革命对组织的生产过程、组织结构和管理理念等产生了深刻的影响，前3次主要是对机械技术的改变，由于机械技术具有分工明确、操作程序化和功能单一的特点，出现了与此相适应的标准化的层级结构，对员工的要求只是调动工作积极性以提高劳动效率，组织理论也由传统的组织理论、行为组织理论发展为现代系统权变型组织理论。而第4次智能技术革命提高的不单是劳动效率，更重要的是智力活动效率。因此，对员工创新精神及智能的开发成为组织制胜的关键。由于智能技术具有分工不明确、操作非程序化的特点，对规范的层级结构提出了严峻的挑战。此外，组织内部成员的构成也发生了变化，脑力劳动者比例不断上升并占主体地位，从而使组织采用信息技术和专业知识技术的能力在加强，应对环境变化的能力在提高。所有这些都迫使组织结构必然发生变化。自 20 世纪 80 年代以来，组织流程再造、虚拟组织、学习型组织、团队组织、网络组织等新的组织形式不断涌现，将组织管理重点由物质层次、管理层次等转向意识层次，强调组织文化在组织发展中的作用成为组织理论新的发展趋势，也体现了组织设计理念由机械式向生态型的演变。

虽然企业存在的环境条件的发展变化使组织理论形成了复杂的门类和派系，但是组织和组织管理的研究均是从经济学和管理学角度着手，分别沿着社会环境中组织之间的关系和组织内部的结构与协调两条主线，探讨组织结构、组织行为和组织绩效等方面的内容理论体系。

2. 组织设计观的演进

随着组织理论的发展，组织经历了不同发展阶段，组织设计观也在不断地演进。早期的组织学家对组织设计的观点应追溯到德国社会学泰斗韦伯提出的"科层体系"。近代组织学家对此理论加以延伸和强化，形成一个结构严谨的机械式组织设计观。随着人在企业中作用的不断增大，以"科层体系"为代表的机械式组织设计模式不断受到批判与修正。直到 1938 年，伯纳德发表《主管的功能》，组织设计理论才发生了根本的转变。组织设计的研究主要朝着 4 个方向，即"开放系统""信息处理系统""权变观点"以及"生态学观点发展，设计理念向面向全球竞争、授权于员工、朝向学习型组织变革等方向演变，组织之间的相互关系也将发展为资源依赖、种群适应、战略联盟等关系。组织设计在结构、任务、系统、文化和战略 5 个方面产生了转变：从纵向型结构向横向型结构转变；从执行常规的职务向承担经充分授权的角色的转变；从正式控制的系统向信息高度共享的系统转变；从竞争型战略向合作型战略的转变；从僵化型文化向适应型文化的转变。

组织设计是一个系统工程，涉及方方面面的关系，其中最关键的，也是组织设计中最为核心的内容是组织结构设计与调整，它是组织设计理念体现的载体和平台。管理人员在设立或变革一个组织的结构时，就是在进行组织设计的工作。当我们将组织结构的构成要素进行结合和匹配时，便能设计出各种形式的组织结构。本节主要从组织结构这一层面来集中探讨组织设计及其相关问题。

三、组织结构的基本概念

（一）组织结构的含义

组织结构是用来描述组织的框架体系。组织结构的本质是员工的分工协作关系，其内涵是人们在职、责、权、利方面的结构体系，有时人们将它简称为权责结构。

企业是以营利为目的的经济组织，它要实现高效率运转，仅有一个良好的管理架构是不够的，还须有一套系统的运行制度和方法。因此，现代企业的组织结构包括组织框架结构本身的设计及结构运行机制（包括制度）两个方面，目的是要使全体员工在实现企业战略目标的过程中，有秩序地协调配合。

（二）正确设计和调整组织结构的重要性

1. 组织结构直接影响组织管理、员工行为和企业绩效

企业的组织结构不仅在很大程度上决定了目标和政策是如何建立的，还决定了企业的资源配置情况。它直接影响组织管理、员工行为、组织绩效等多个方面。处于激烈市场竞争中的灵活性企业，是分权化、网络化的，以团队为中心、以客户为动力，是扁平而精干的组织。在灵活性企业中，由于管理者和员工被授权去寻求改进的机会，引进为实现企业战略目标而共同努力的新举措，企业的组织结构经常处于变革之中。对于能够根据企业存在的环境条件及战略目标的变化而变化的企业，一般都能抓住机遇，取得较好的经济效益和较快的发展。但这一点却常常被一些企业经营管理者所忽视，相当多的企业试图以旧的组织结构实施新的战略。这样的企业在实现企业战略目标的过程中必然遭受挫折，蒙受损失。

2. 企业发展的周期性要求适时设计和调整组织结构

组织成长具有寿命周期，美国组织学家、哈佛商学院的教授格雷纳研究了组织成长中的演变与变革问题。在格雷纳看来，正在成长中的组织要经过 5 个清晰可辨的发展时期。每一时期都要经历两个阶段，即演变与革命。演变是指在一段较长时间内没有大的改变，是一个渐进过程，而革命则是组织生活发生了重大改变。格雷纳模式说明，任何形式的组织机构，即使在最初设计时非常适合当时的环境，都不可能无限期地适应。经过一定阶段的发展、成长，都会产生动荡，出现新的问题。所以，必须重新调整、设计，否则任何一个阶段的不适应都可能导致组织的衰败。

3. 组织结构是影响企业战略目标实现的关键因素

灵活性企业调整企业组织结构的目的是要寻找、选择与发展战略相匹配的组织结

构。企业是按产品还是按职能设置组织结构，是按地理区域设置分公司还是按用户设置分部，是建立战略事业部结构还是采用更为复杂的矩阵结构，一切必须以与战略相匹配为原则，以提高企业沟通效率、激励员工参与为目标。埃得森·斯潘塞曾说，在理想的企业结构中，思想自上而下流动又自下而上流动，思想在流动中变得更有价值，参与和对目标的分担比经理的命令更为重要，对特定战略或特定类型的企业来说，都应该有一种相对理想的组织结构。因此，创建与新战略相匹配的组织结构是战略顺利实施的重要保障。一个合理的组织结构指的是既能够适应环境需求，又具有内部平衡与有序性、一致性的一种组织结构。一个组织结构仅仅能够适应外部的压力是不够的，还必须能够保持组织内部一定程度的连贯性，以及各种职能和流程的整体性。

四、企业组织结构设计是人力资源战略管理的核心内容

战略管理关系着企业的发展方向和前途。它是基于对未来经济、技术和文化趋势的预测，着眼于企业未来的管理，战略管理强调企业在发展中的主动性和积极性，强调建立灵活、扁平的组织结构，以创新的理念或思维方式来实施变革，实现企业绩效的最大化。企业组织结构设计是人力资源战略管理的核心内容。

（一）企业组织是人力资源战略管理的载体

企业组织首先是人的集合而不仅是物质要素的集合，企业组织是人力资源战略管理的载体。组织结构设计本身就是人力资源战略管理的一部分。竞争性企业如果能够运行在一个富有弹性的、具有包含性的企业组织结构框架中，就能不断有效地寻求对环境制约的突破和自身的发展。

（二）企业组织结构是人力资源战略制定和实施中的重要内容

人力资源战略的制定必须考虑企业组织结构的现状，一旦战略形成，组织结构应做出相应的调整，以适应战略实施的要求。人力资源战略选择的不同，在两个层次上影响组织的结构：不同的战略要求开展不同的业务活动，这会影响管理职务的设计；战略重点的改变会引起组织的工作重点及各部门与职务在重要程度方面的改变，因此要求对各管理职务及部门之间关系做相应的调整。

（三）组织结构设计关系到企业人力资源战略的成败

企业实施人力资源战略管理，就必须做好组织结构设计方面的工作。例如企业管理框架如何设立，人员之间怎样进行沟通交流，怎样安排才能发挥最大效能，怎样通

过工作、职位设计才能最大限度地增强员工的满足感等，必须从战略管理的角度做出安排。这样企业组织各个管理层面和全体员工才能明晰自己的岗位职责，实现自己的期望愿景，努力工作，企业才能实现高效率运转。否则，就会导致企业管理人员和其他员工认识上的混乱，进而影响企业的正常运转和战略目标的实现。

第二节　人力资源流动战略管理

从企业的角度看，卡兹的组织寿命学说和库克曲线证明了要提高企业创造力和保持企业活力的条件之一就是不断改善企业结构和人员素质。

从员工个人的角度看，美国心理学家勒温（KLeWin）的场论证明了人员流动的必要性，他提出了个人与环境关系的公式：

$$B=f(p,e)$$

式中，B 表示个人的绩效，p 表示个人的能力和条件，e 表示所处环境。由公式可知，一个人所能创造的绩效不仅与他的能力和素质有关，而且与其所处的场（即环境）有密切关系。当环境不利于其发展时，此人很难取得应有的成绩，且一般而言，个人往往很难改变环境，所以员工个人将主动选择或被动地离开这个环境，换到另一个适宜的环境去工作。因此，从员工个人角度，我们通常将人员的流动分为两种类型：员工自愿和非自愿的流动。

"户枢不蠹，流水不腐"，从宏观来看，人员流动是社会化大生产的必然产物，是市场对人力资源的一种配置，合理的人员流动不但有助于个人发展，而且有利于组织创造力的提高，因此人员流动是必然和必要的。

一、人员流动的风险

虽然对整个行业而言，人员流动未必是坏事，但从企业的角度来看，有些人员流动很可能给企业带来损失，这种损失的直接表现是该岗位的人工成本增加，因为企业需要进行重新招聘和培训，而间接损失往往更大，可能引起工作进度的拖延。如果企业核心员工离职，还可能导致企业赖以生存的商业机密泄露，使企业遭到致命的打击。可见，人员流动同时是一种企业的风险。我们将由于人员流动而给企业带来损失的可能性称为"人员流动风险"。相应地，人员流动风险也可分为两类：人员流入风险和人员流出风险。前者是指由于不合格人员的流入而给企业造成损失的不确定性；后者则指由于合格人员的流出而给企业造成损失的不确定性，又称人员流失风险。

　　合理的人员流动对整个社会来讲是必要的。但对企业而言，人员流动在带来活力的同时，有时也带来了损失，并且增加了成本和风险，甚至还有可能带来致命的打击。那么，该如何对人员流动实施有效管理，以减少企业风险呢？

二、人员流动的管理

　　从国外学者有关人员流动的理论可以看出，企业必须对人力资源的流动进行合理的控制，实施有效的管理。通常将员工的流动分为自愿流动和非自愿流动，以下我们就从这两个方面来分别讨论人员流动的管理，并归纳出在人员使用的不同阶段人员流动管理方面的措施。

（一）非自愿流动的管理

　　尽管公司在人员甄选、培训和薪酬制度等的设计方面做了最大的努力，但仍然会有一些员工无法达到所要求的绩效水平或者在工作时违反公司的规章制度。当这些情况发生时，企业应该如何面对？在以人为本的企业管理中，对待上述无法达到公司要求的员工，除了解雇，还应该有更人性化的管理措施。

　　1. 逐级惩戒

　　除了在一些极端情况下，一般不应当在员工第一次出现过失时就予以辞退。相反，解雇应当发生在惩戒制度执行完毕之后提出。有效的惩戒制度有两个核心的构成要素：文件（包括具体的书面工作规则和工作描述，这些文件应当在实行惩戒之前准备好）和逐级惩戒措施。惩戒措施应当以逐渐加大力度的方式来执行，并且这些惩戒措施一定要在事先详细阐明并在惩戒措施中明文说明。惩戒的第一步可以从对第一次违反政策或犯错误的员工提出非正式警告开始，如果再犯则予以书面警告，以表明如果他下次再犯错误，就会被解雇。

　　2. 建设性争议解决法

　　在惩戒过程中，有些员工个人或者组织希望引入外部的第三方力量来帮助自己解决分歧或者冲突。员工可能会利用法律手段来解决冲突。为了避免出现这种情况，现在越来越多的公司开始采取建设性的争议解决方法，即以一种及时的、富有建设性的、成本更低的方式来解决冲突的做法。

　　建设性的争议解决法可以采取多种不同的形式，通常包括 4 个阶段。

　　（1）开放式协商政策

　　冲突双方通过共同协商，找出双方都能接受的解决争议的办法。如果协商未果，则进入第二阶段。

（2）同事审查

由组织中来自与争议双方处于同一等级的代表组成听证小组，听取双方对于事件的看法，并帮助当事双方达成解决冲突的办法。如果未能达成一致，则进入第三阶段。

（3）调解

由来自组织外部中立的第三方来听取争议双方的陈述，并通过非约束性的程序来帮助双方达成解决争议的办法。如果调解未果，则进入第四阶段。

（4）仲裁

由来自组织外部的专业仲裁机构派员听取争议双方的陈述，并通过单方面发布解决争议的办法或者提出惩罚条件来解决冲突，这种争议中的大多数仲裁员都是经验丰富的处理劳动关系问题方面的律师或者退休的法官。

3. 员工援助计划

在国外，员工援助计划是由企业所提供的一种服务，管理人员或者员工可以利用这种服务使自己所面临的各种问题得到专业化的指导。员工援助计划始于 20 世纪 50 年代，当时的重点是治疗酗酒。现在，员工援助计划已经被引入公司健康福利计划之中，成为一种保健措施。

员工援助计划通常以公司发布的正式文件（如员工手册）的形式确认下来，然后公司对管理人员（有时还包括工会代表）进行培训，教会他们如何让那些怀疑存在健康问题的员工去接受这种服务。同时，公司也会对员工进行培训，使他们在必要的时候知道如何去利用这一服务体系。最后，对该计划的成本和收益进行评价（用员工返回工作岗位的比例等积极性结果指标来进行衡量），一般每年评估一次。

4. 重新谋职咨询

解雇员工所产生的后果不仅会使被解雇者非常愤怒，而且会使他们感到不知所措，不知道接下来还会发生什么事情。如果被解雇者感到自己已经是一无所有，并且没有其他更好的地方可以去，那么产生暴力冲突或者提起诉讼等的潜在可能性就会远远高于大部分公司所愿意承受的程度。因此，许多公司都为被解雇者提供重新谋职咨询，这种服务主要是力图帮助被解雇的员工顺利地完成从一种工作到另一种工作的转移。

有些企业在自己的内部有专业的咨询人员来负责此项工作，如我国企业中的再就业办公室就是这类机构。还有一些企业则是利用外部的咨询机构以向公司收费的方式来个案性地帮助员工谋取新的工作。不过，无论采取何种形式，重新谋职计划的目标都在于帮助公司的前员工来正确对待因失去工作而产生的心理问题（悲哀、沮丧、恐惧等），同时帮助他们找到新的工作。

（二）自愿流动的管理

人员流动除了由于员工不能满足公司要求被迫离开公司的非自愿流动，还有一种流动是因为员工对公司或工作不满而主动离开公司，我们把后者称为自愿流动。员工为何会对公司不满，不满产生后其反应如何，这便是接下来要探讨的问题，只有对上述问题做出回答，才能对员工的自愿流动进行战略性管理，从而确保企业能够留住绩效优秀者，同时能使绩效较差者通过合理流动找到更适合自己的职位。

1. 员工工作撤出总体模型

工作撤出是指不满意的员工为了避开现在所处的工作环境而采取的一系列行为。员工工作撤出过程总结如图 7-1 所示。

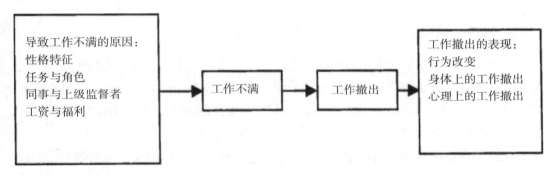

图7-1　工作撤出的总体模型

2. 导致工作不满的原因

（1）性格特征

消极情感较为严重的员工往往将注意力集中在自己以及他人身上的负面问题上。在同样的处境下，这类员工会比其他员工感到更为痛苦，甚至有些人实际上是自己带着不满情绪去工作的。消极情感较弱的人通常会比消极情感重的人表现出更高的工作满意度，但是一旦这些消极情感较弱的人确实感觉到自己对工作不满意的时候，他们的行为反应会更强烈。

（2）任务与角色

①影响员工对工作任务满意度的因素

工作任务的许多方面都与工作不满联系在一起，我们将主要讨论会对工作满意度产生影响的工作任务中的 3 个重要方面：任务的复杂性、工作中的体力劳动强度和员工在完成任务的过程中所增加的价值。

任务的复杂性：除少数特殊情况，在任务的复杂性和工作满意度之间存在很强的正相关关系。也就是说，那些对员工没有任何脑力挑战的单调性、重复性等工作所带来的烦闷和压抑会导致员工感到沮丧和不满。此外，与男性相比，工作的单调性对于女性所产生的消极影响尤为强烈。

工作中的体力劳动强度：自动化设备的使用已经减轻了许多工作中的体力压力，因此工作的体力劳动强度所造成的压力有时被人们忽略了。事实上，技术进步把减轻工作中的体力压力作为一个目标这一事实本身就表明了，工作中的体力强度几乎在任何情况下都被认为是不受欢迎的。

员工在完成任务的过程中所增加的价值：员工非常注重通过工作能否实现价值，在美国有100多万名志愿工作者，他们从事这些工作的唯一原因就是他们认为这些工作本身是有意义的，尽管在这些工作中，有一些甚至是复杂性很低而体力强度要求很高的工作。

②影响员工对自己在企业中角色满意度的因素

影响员工对自己在企业中角色的满意度的因素主要有角色模糊、角色冲突和角色超载。角色模糊指企业所提出的员工应当做什么以及应当怎样去做的要求，具有不确定性。角色冲突指承担同一职位的员工面临彼此不相容，或者彼此存在多种需求的矛盾。例如，一位员工同时承担两个职位的工作，也就是说这位员工是跨职能项目小组的成员，他可能既要满足项目经理的期望，又要满足本职位所在部门某位管理者的期望，而这两个管理者对于这位员工的期望却是相互排斥的，或者某员工在同一时间内同时承担着一个以上的角色，人们对这些角色的期望又是不相容的。角色超载指一个人身上所承接的期望或要求过多时的一种状态。

（3）同事与上级监督者

在一个组织内部，影响员工工作满意度的两个最重要群体是同事和上级监督者。员工可能会因与自己的同事、上级具有许多相同的价值观，能够保持文化上的一致，而使其工作满意度大大提高；可能会因上级监督者和同事对其同情或者关心，而对工作感到满意；可能会因上级监督者和同事能够帮助其认清工作的目标并且找到实现的途径，而提高对工作的满意度。

（4）工资与福利

工资是一个员工在企业甚至在整个社会上受重视程度的一种象征。一些员工甚至认为工资是自我价值的实现，所以员工对工资的满意程度将影响其去留。

3.工作撤出的表现

（1）行为改变

当对工作任务不满的员工试图改变公司的政策或者上级的人事构成时，很可能会导致管理者和员工之间发生行为上的对立，甚至是冲突。

（2）工作撤出

如果工作条件无法得到改变，那么感到不满的员工可能会以离开工作岗位的方式来解决问题。

4. 自愿流动的管理

在分析了影响员工自愿流动的原因和流动前的表现后，针对员工自愿流动的情况，加强对人力资源配置的战略管理，需采取以下几点措施。

（1）建立和完善员工流动的机制

员工流动的机制是指企业在人力资源使用政策和具体制度上，为员工在企业内部和外部合理流动创造条件。企业内部流动是指不搞岗位终身制，提倡内部的岗位轮换和竞争上岗，从而使员工在企业内部可以结合自己能力、特长和发展等需要自主选择并有序流动。在对外流动方面，企业对选择离开本企业的优秀员工不要一味地堵、卡、拖，而要更多地考虑员工离开公司背后的原因。只有这样，企业人力资源配置才能实现人事相宜的动态平衡。

（2）加强员工的职业管理

职业管理是指组织提供的用于帮助组织内正从事某类职业员工发挥能力的管理行为和管理过程。职业管理是近年来颇受关注的人力资源战略管理的重要课题，其主要特征是根据员工的不同特长，结合工作要求，提供最合适的工作环境，以求最大限度地发挥员工的能力。

职业管理的中心内容是把适合从事特定职业或职位的员工匹配到位，帮助员工设计和取得最适于其发展成长的职业生涯目标和发展机会，做到人尽其才、才尽其用。职业管理者在考虑员工不同的特点和需要的基础上，设计不同的职业发展规划，以利于不同类型员工在职业生涯中扬长避短。企业允许职业转换、人员流动，这对于企业的持续发展具有长远的推动作用。

（3）加强企业的文化建设

企业文化是企业在发展过程中逐步形成的共同价值观和其他各种精神财富的总和，共同的价值观是企业文化的核心，针对企业文化的各项内容对职工进行专门的培训和教育，使员工与企业的价值观保持一致，从而增强企业的凝聚力和员工的归属感，留住优秀的员工。

（4）建立和完善激励制度

企业应注意随时了解员工需求和满意度变化情况，制定科学合理的考核制度和公平合理的有吸引力的薪金奖励制度，完善激励制度，从而留住优秀员工，降低人员流动的风险。

5. 员工不同使用阶段的人员流动管理

员工进入公司后，随着经验的累积、能力的不断增强，已经基本掌握了相应职位的工作技能。现有的工作任务和内容已不能满足其对工作的需求，员工期望在职位和责任上有所扩大，也就产生了流动的愿望，这时企业需要及时地进行人力资源的动态配置，使员工—岗位达到动态平衡。因此，归纳起来，在员工使用过程中，企业对人员流动实施有效管理，可以从以下 3 个方面进行。

（1）使用前的管理

人员的流动管理应始于使用前的招聘。企业在招聘前，首先应做好人力资源的需求预测分析和工作分析，把握企业人力资源配置规模，制定招聘计划，保证招聘的人员是企业目前所缺少的，这样就避免了由于人员过剩或职位与能力不匹配而造成的人员流动。其次，企业在招聘时应严格把关，严格按照科学合理的招聘制度甄选人员，确保所录用人员都是不仅在个人技能上符合企业需要，而且在职业道德上是合格的。最后，企业在新员工培训和强化个人技能的同时，还要注重企业文化的宣传，以增强企业的凝聚力和员工归属感。

（2）使用中的管理

人员的流动主要在使用的过程中发生。一般而言，企业招聘进来的都是比较优秀的人才，企业应随时注意、了解员工需求和满意度的变化情况，制定公平合理的、有吸引力的薪金奖励制度，科学合理的考核制度，以及员工职业发展计划等，从而增强员工归属感和满意度。

（3）对流动的员工管理

首先，对确有离开企业意向的人，企业应及时与其沟通，了解其离去的缘由。如果在短时期内，连续有多名员工辞职，企业更应该仔细分析他们各自离去的原因，分析近期影响企业雇员流动的关键因素。其次，企业应想办法尽量挽留难觅的人才，这是因为雇用新人以填补空缺既费时间又费招聘与培训成本，是十分不经济的。最后，企业应及时寻找新的员工接替该岗位工作，做好工作交接。

在企业战略的实施过程中，人力资源的配置显得越来越重要。从微观上看，企业的人力资源配置战略管理，就是通过考核、选拔、录用和培养，把符合企业发展需要的各类人才及时、合理地安排在所需要的岗位上。人力资源配置的目标是使合适的人干合适的事，人事相配，做到人尽其能、能尽其用、用尽其事、事尽其效，也就是说从根本上促进人与事的配合和人与人的协调，充分开发人力资源，在有限的人力与物力条件下取得最大的经济效益与社会效益，从而实现组织目标。

根据边际报酬递减规律，当劳动力投入达到一定的限度，其边际收益出现递减甚至为负数，其结果将引起（总）产量递减，收益成少，甚至会导致企业出现亏损。因此，企业要选择合适的人力资源配置规模。

战略性人力资源配置的关键是及时、准确地获得人才。当企业中任何关键职位出现空缺时，补充人员已准备就绪，能够迅速地满足企业的需求，这就需要采取更为灵活的人员配置方法以适应人力资源战略变化。

西方人力资源专家有关卡兹曲线与库克曲线的两项研究成果告诉我们：员工与岗位的适宜性是暂时的和相对的，而不适宜却是绝对的与持续的。人力资源配置工作是一个动态的、贯穿整个企业管理过程的一项无止境的管理工作，通过人才流动才能实现人力资源的合理分配。在动态环境中，要实现人力资源的有效配置，必须进行人力资源的流动控制，实施有效的人力资源流动管理。

第三节　激励战略管理

高昂的士气、员工对工作较高的满意度以及令人兴奋的生产率都不是伴随着一个企业的成长自然而然就可以获得的，它们是需要企业花费一定的人力、物力和财力来换取的。随着企业的不断发展，指挥的链条越来越长，员工就越来越难看到共同分享的目标，企业高层和员工之间出现了较深的隔膜，相互看不到对方，更不了解对方。没有了全身心的参与，高昂的士气和个人的自我价值感也就随之削弱。所以，对员工进行激励管理对于企业来说，重要性不言自明。

一、激励的概念

激励在现实的企业管理中是一个非常重要的功能，它实际上是一个心理学名词，是组织行为学中研究的核心问题。研究激励问题，实质上是探讨人的行为动力，从而将其应用到企业管理中，也就是探讨如何有效地调动员工的工作积极性，从而提高其工作绩效。

激励作为一个心理学的术语，是指心理上的驱动力，含有激发动机、鼓励行为、形成动力的意义，也就是说通过某些内部或外部刺激，使人奋发起来，驱使人们去实现目标。在企业管理中，不同的人对激励有着不同的定义，但基本包括3个方面的含义：人的行为动力是什么、人的行为如何被引导向特定的目标和怎样维持人的行为。因此，激励是指激发人的动机，使人有一股内在的动力，朝着所期望的目标前进的心理活动和行为过程。激励是对人的一种刺激，是促使和改变人的行为的一种有效手段。激励的过程就是管理人员引导并促进员工产生有利于管理目标行为的过程。

激励可以激发人的内在潜力，激发人的能力，充分发挥人的积极性和创造性。美国哈佛大学的教授威廉·詹姆士通过研究发现：在缺乏激励的组织环境中，员工的潜力只发挥出 20%~30%，而在良好的激励环境中，同样的员工可以发挥出其潜力的 80%~90%。可见，在企业管理中，每一位员工都需要被激励，使每一位员工始终都处在良好的激励环境中是人力资源管理应该追求的目标。管理者对员工进行有效的激励可以使每一位员工都充分发挥自己的聪明才智，接受并认同组织的目标和文化，从而保持最佳的工作状态并创造优秀的绩效。另外，良好的激励计划还可以增强企业对人才的吸引力，有助于企业获得人力资源的竞争优势。

二、激励的方法

（一）目标设置

目标设置是由美国著名行为学家洛克于 1968 年首次提出的一种管理方法。洛克认为，目标设置是管理领域中最有效的激励方法之一。员工的绩效目标是工作行为最直接的推动力，所以为员工设置恰当的目标是管理工作中的一项重要任务。

目标管理（managementbyobje。tives，MBO）是一种最典型的目标设置管理方法。它是一种先由组织确定在一定时期内期望达到的总目标，然后由组织内各部门、各团队和全体成员共同参与，制定各自的分目标和行动方案，安排自己的工作进度，最后以目标的实现作为绩效衡量的一种管理方法。主要包括以下几个步骤。

第一，制定总目标。总目标的制定采取由上而下的方法由组织上层管理人员集体制定，一般程序如下：首先，确定组织所要达到的关键结果区。关键结果区是指对一个组织的整体绩效影响最大的区域，如销售额、市场占有率等。其次，确定关键结果区的具体绩效测量方法，这就要求总目标应该是客观的、可测量的。最后，制定具体的行动方案。

第二，制定各层级的分目标。目标管理的主要职能在于分解目标，使组织的总目标具体化，从而形成一个由上而下的相互制约、相互衔接的目标网络，层层落实、层层负责，使每个部门、每个人都有明确的工作目标，以此来确保总目标的实现。

第三，目标评价和控制。目标控制的任务就是定期检查下属工作的进度和绩效，对他们的工作进展情况做出评价和反馈，并帮助解决他们遇到的困难和问题，对意外情况的出现采取必要的调整措施。这项工作一般是在一个生产或经营的周期内进行，如销售部门按月评定、生产部门按周评定等。

第四，目标调整。进行目标评价的另一个重要作用就是对前期的工作进行总结，并据此对下一期的目标做出相应的调整，以便开始下一轮的目标管理循环。

目标管理是一种广为流行的激励管理方法。通过让员工参与制定个人具体的、富有挑战性的目标，可以让他们在工作中明确他们应该做什么，以及怎么做，这样会对他们起到很好的激励作用，从而提高工作绩效。但是，目标管理也有其缺点，这种管理方式太注重结果，而往往忽视了对达到结果所采取手段的关注，因而可能会出现一些员工采取不正当手段的问题。

许多研究结果都表明，目标的设置对员工的工作绩效有明显的积极作用，但是也要注意一些原则：首先，目标的设定应该是具体的。具体的目标比含混不清的目标更能激发员工的行为，达到更好的工作绩效。例如，制定每天、每月完成产量和质量的具体指标比只含糊其词地说"你们好好干"这种话效果要强很多。其次，目标难度应当适中。根据佛隆的期望理论，"跳起来摘的桃子"的标准可以起到很好的激励作用。再次，目标应该是员工参与制定的，被他们接受的。这也就是目标的内在化，只有转化成个人愿意为之付出努力的目标才能真正起到激励的效果。最后，对于目标的执行过程进行及时、客观的反馈。及时、客观的反馈可以使员工及时发现目标进程的偏差，也可以对他们取得的优良绩效起到强化的作用。

（二）奖励制度

奖励制度是否得当，直接影响企业员工的工作是否有积极性。一般来说，奖励制度的制定要遵循两个基本原则：一是组织为员工提供的奖励必须对员工来说是具有较高价值的，也就是员工认为这种奖励对其有重要意义；二是组织制定的奖励制度要保证员工得到的报酬与他们的工作绩效相联系。

奖励制度包括物质奖励和精神奖励，由于存在着个体差异，不同的奖励形式对不同员工的激励效果也会有所不同。具体的奖励制度主要有以下 5 种方式。

1. 加薪

这是一种组织较为普遍使用的奖励方式。对于大多数人来说，工作报酬是他们唯一的生活来源，所以加薪对于他们来说能够起到很好的激励作用。但是，加薪会给企业带来较大的成本。

2. 晋升

晋升对于很多员工来说，也是一个很好的激励方法，因为晋升往往同加薪相联系。并且，晋升还意味着更多的职责和更大的权利，这对于那些成就动机强的人来说，比加薪的激励作用还要强。

3. 津贴

津贴是指与职业相关的一些福利，如养老金、人寿保险、健康保险、住房补贴等。

4. 地位和身份的象征

在一些大公司中，有许多地位和身份的象征，如专用办公室、专用停车点、私人秘书等。对于不同的员工来说，地位象征所起到的激励效果是因人而异的。

5. 特殊奖励证书

这主要是指为具有特殊贡献的员工颁发的奖状和授予的荣誉称号。这种奖励有时会伴随一些物质的奖励，但主要是一种精神的奖励，可以满足员工的某些精神的需求，从而起到激励的效果。

除了以上 5 种奖励制度，还有很多其他的奖励制度，如福利、休假、实物奖励等。

（三）工作设计

工作设计是指组织通过向员工分配工作和职责的方式来对员工产生激励的一种方法。工作设计是一种内激励，从改变工作内容和形式入手来激发员工的工作动机，增强他们对工作的满意度，从而提高工作绩效。

通过工作设计的方法来激励员工主要有两种形式。一种是工作扩大化。它是建立在双因素理论基础上的，具体做法就是通过增加员工工作任务的种类，让员工同时承担几项工作任务或者从事周期更长的工作，克服员工对单调工作可能产生的厌烦，增加他们对工作的兴趣。另一种是工作丰富化。它是指让员工有机会参与工作任务的计划与设计，并在他们执行工作任务的过程中向他们提供反馈，评估和修正自己的工作，从而使他们对工作本身产生兴趣，加强他们的责任感和成就感。

这两种奖励形式的不同之处在于：工作扩大化是一种工作任务水平负荷的增加，即增加同类工作的数量。而工作丰富化是纵向扩大工作范围，让员工担负更多的责任，有更多的自主性。

工作设计对员工的激励作用不能一概而论。据分析，人们对这种方法的反应各不相同，具有高成就需要的员工往往对这种方法反应更积极，而对于那些成就需要很低的员工来说，这种激励的作用并不显著。所以，在应用这种方法对员工进行激励时，要注意方法的适用性，因人而异。

（四）行为矫正

行为矫正是强化理论应用于管理实践产生的一种方法和技术。它是以改变影响工作绩效的行为，从而提高组织工作效率为目的。一般来说，行为矫正方法的实施分为5个步骤。

第一，确定关键行为。也就是确定对工作绩效有重大影响的行为。这种关键行为可由本部门的管理人员和从事该项工作的员工共同确定，也可由外来的咨询专家确定。这一步对于整个行为矫正活动有着至关重要的意义。

第二，行为的测量。就是要通过观察、计算或查阅记录等方式获得关键行为在实际工作中出现的次数。这一步骤有两个目的：一是为了检验关键行为的确定是否恰当。如原来确定的关键行为是出勤率低，但是通过测量发现出勤率达到了95%，那么这一关键行为显然是无须矫正的。还有一个目的就是获得基本的客观数据，为以后的矫正提供参考和比较。

第三，行为起因分析。对行为的起因进行细致、正确的分析是后面采取相应的矫正措施的基础。

第四，选择矫正措施。在经过了以上3个阶段的工作之后，就要对行为进行具体的矫正。具体的矫正措施根据强化理论可以分为3个：正强化措施、与正强化相结合的惩罚以及与正强化相结合的消退。这一步骤的具体操作应该注意要以正强化为主，而以惩罚和消退作为辅助手段。

第五，绩效评价。这是行为矫正的最后一个步骤，也就是对行为矫正的效果，即行为改变和绩效改进做出评价。行为矫正并不是为了矫正行为而矫正行为，改善员工的行为、改进组织的绩效才是它的最终目的。

三、激励方法的适用原则

上面我们介绍了4种基本的激励方法，但是要想在激励管理中取得良好的激励效果，仅仅掌握这些方法是不够的，还要合理地应用这些方法。因为具体适用环境、对象和技巧的不同会带来不同的激励效果。所以，在激励方法的具体适用中，要因人、因事而异，遵循一定的原则。

（一）目标结合原则

企业目标是企业发展的方向，是企业一切工作的核心。所以，在目标设置中必须体现组织目标的要求，否则，一切努力就只能是徒劳。因此，必须将组织目标与员工的个人目标相结合，使组织目标中包含更多的个人目标，考虑个人的发展，同时要使员工为个人目标的实现所做的努力朝向组织目标的方向。这样既能起到良好的激励作用，又可以促进组织的发展，不偏离组织发展的方向。

（二）物质激励与精神激励相结合原则

在社会发展的现阶段，从工作中获得物质利益仍然是人们工作的主要目的，所以物质激励的作用仍不容忽视，甚至还应放在主要位置来考虑。然而，随着社会经济的进一步发展、人们生活水平的进一步提高，精神激励的作用也显得越来越重要。所以，激励方法的适用应该坚持以物质激励为基础，精神激励为根本，在两者结合的基础上，逐步过渡到以精神激励为主。

（三）外激励与内激励相结合原则

外激励是指来自工作环境的激励因素，如工资、奖金、人际关系等。内激励是指来自工作本身的激励因素，如工作是充满乐趣的、具有挑战性的。通过内激励使员工真正对工作本身产生兴趣，通过工作达到其自我实现的满足感。这两种激励方式缺一不可，管理者在激励管理中应该坚持以内激励为主，并力求达到这两种方式的合理结合。

（四）正激励和负激励相结合原则

正激励是指对员工正确的行为或工作进行肯定、奖励，从而产生激励效果；负激励则是指对员工错误的行为或工作进行批评、惩戒，也可以起到激励的效果。在实际应用中，企业应该注意这两种激励的结合，只有两者结合才能起到很好的激励效果，也就是人们经常讲的"黑脸和红脸要一起唱"。

（五）灵活的原则

激励的起点是满足员工的需要，但员工的需要存在着个体差异性和动态性，因人、因时而异，灵活的激励管理才能获得期望的效果。对不同的员工群体要采取不同的激励方法，如对低薪资员工群体，加薪的激励方法就会显得非常有效，而对于高收入员工，特别是越来越多的知识型员工，晋升、工作设计等方法可能比加薪更能收到良好的效果。

（六）控制奖励的效价差原则

效价差过小就会造成平均主义，从而失去激励的作用。效价差过大，不符合贡献的差距，则会走向反面，使员工感到不平等。所以，在激励管理中，要特别注意效价差与贡献差相匹配，既使员工感到公平，又能够使先进者有动力、后进者有压力，收到良好的激励效果。

激励方法的应用对于企业来说具有重要的意义，不能应用于实践，再好的方法也只是空中楼阁，毫无意义。

以上我们介绍了在激励应用中应该遵循的原则，按照这些原则来开展激励管理工作是成功激励的必要条件，具体的实践还要结合企业的实际情况，谨慎选择和应用。

【案例】

大鹏公司的两个部门经理小李和小王在讨论各自在公司的发展前景。小李说："我开始有些灰心了。3 年前我到公司时，觉得我肯定可以在这里有所发展，但现在我不这么有信心了。昨天我跟老板讨论我今后这几年将向哪方面发展时，他只是说会有各种可能。我想要得到的不只是这样一句话。我想知道，如果在这里继续努力工作的话，我会得到怎样的发展机会。我不能确定是否要把我的职业定在这份工作上。"

"我也深有同感，"小王回答道，"上个月的绩效评估结束时，老板只是对我说我的工作业绩很出色，公司也很需要我，但是并没有明确我的下一步发展方向。我想知道我需要经过什么样的培训，我将来可以获得别的什么样的工作。"

从上面的案例可以看出，大鹏公司忽视了员工对职业发展的能动性，缺乏对员工的职业管理，这很可能会带来人才的流失，对于公司来说，会是一个巨大的损失。现代人力资源管理与传统的人事管理的重要区别就是强调了员工的能动性。对于传统的人事管理来说，规划、招聘以及绩效评价等一系列的人事活动的主要目的在于为组织提供合适的员工，满足组织发展的需要。然而，对于现代人力资源管理来说，这些活动的目的还在于鼓励员工不断进步，充分满足他们发展的需要。为了留住和激励员工，企业要建立一种能够满足员工发展需要的管理系统，这对于知识型员工显得尤为重要。这个管理系统就是职业管理。

参考文献

[1] 杜欣.组织协同视角下 Z 企业人力资源管理转型研究 [D]. 重庆：重庆工商大学，2022.

[2] 黎志.XK 企业人力资源管理数字化发展对策研究 [D]. 重庆：重庆工商大学，2022.

[3] 刘茜.战略人力资源管理对企业绩效的影响——评《化工企业管理》[J]. 塑料工业，2022，50（5）：212.

[4] 李小龙.JT 人力资源公司发展战略研究 [D]. 桂林：广西师范大学，2021.

[5] 戚璐.杭州蜜巢科技有限公司发展战略研究 [D]. 兰州：兰州理工大学，2021.

[6] 黄莹莹.SK 公司培训体系优化研究 [D]. 开封：河南大学，2021.

[7] 完春.Z 公司绩效管理体系优化研究 [D]. 桂林：广西师范大学，2021.

[8] 贺筠.基于组织变革的 H 公司人力资源效能研究 [D]. 南昌：南昌大学，2021.

[9] 宋鸽.长春普华制药股份有限公司发展战略研究 [D]. 长春：吉林大学，2021.

[10] 康怡.重庆 Z 人力资源服务公司发展战略研究 [D]. 成都：西南交通大学，2021.

[11] 崔家阳.企业管理制度与人力资源战略规划实施策略研究——以 AIA 友邦保险公司为例 [J]. 企业改革与管理，2021（2）：58-60.

[12] 朱利军.基于企业文化的战略人力资源管理研究 [J]. 营销界，2021（2）：9-10.

[13] 李珍.A 压缩机公司人才梯队建设优化研究 [D]. 蚌埠：安徽财经大学，2020.

[14] 郭肖依.SZ 集团战略人力资源管理转型研究 [D]. 南昌：江西财经大学，2020.

[15] 赵阳.T 公司发展战略研究 [D]. 哈尔滨：哈尔滨工业大学，2020.

[16] 赵彬.Z 银行人才培养体系优化研究 [D]. 天津：天津大学，2020.

[17] 冯华.AB 人力资源公司发展战略研究 [D]. 天津：天津大学，2020.

[18] 李祯.JG 公司人力资源管理体系优化研究 [D]. 西安：西安科技大学，2020.

[19] 孙胜男.A 行渭南分行人力资源管理效能提升研究 [D]. 西安：西北大学，2020.

[20] 肖君雄.G 公司人力资源管理三支柱模型的应用研究 [D]. 南昌：南昌大学，

2020.

[21] 于鸿金 . 企业人力资源管理中的薪酬管理创新研究 [J]. 中国外资，2020（2）：98-99.

[22] 刘伟鑫，陈允行 . 企业管理中人力资源管理的系统化战略分析 [J]. 商讯，2020（2）：189-190.

[23] 尹婉睿 . 人力资源在现代企业中的战略作用及管理对策研究 [J]. 中外企业家，2019（14）：74-75.

[24] 姜天文，迟金萍 . 基于企业战略转型的人力资源管理研究 [J]. 管理观察，2019（10）：12-13.

[25] 周毅婷 . 以人为本的企业人力资源战略管理优化研究 [J]. 智库时代，2018（44）：154-155.

[26] 李静 . 企业人力资源管理动态能力提升问题研究 [J]. 山西财政税务专科学校学报，2018，20（3）：47-51.

[27] 杨醉风 . 基于胜任力的人力资源管理模式构建研究 [J]. 办公室业务，2018（10）：158.

[28] 胡平宇 . 区域能源公司人力资源管理研究 [J]. 办公室业务，2017（20）：175-176.

[29] 张昊天 . 企业的区域化人力资源管理策略研究 [J]. 经贸实践，2017（18）：219.

[30] 唐驰 . 探讨基于执行力的企业战略人力资源管理研究 [J]. 商，2016（6）：36.

[31] 黄森林 . 企业战略型人力资源管理的创新研究 [J]. 中外企业家，2015（27）：120-121.

[32] 杨雨薇 . 企业战略人力资源管理目标及过程控制研究 [J]. 人力资源管理，2015（7）：52.

[33] 佟娜 . 企业战略转型的人力资源管理研究 [J]. 现代国企研究，2015（6）：15.

[34] 戴通，王永浩，张晓贤 . 战略性人力资源管理在企业管理中的应用研究 [J]. 现代国企研究，2015（2）：82.

[35] 赵鹏 . 企业管理中人力资源开发与管理战略 [J]. 现代商业，2014（33）：166-167.